유엔 인권 조사관이 네팔 소년한테 들려준
유엔 이야기

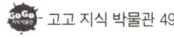 - 고고 지식 박물관 49

유엔 인권 조사관이 네팔 소년한테 들려준 **유엔 이야기**

글 정명숙 | **그림** 박혜진

초판 1쇄 펴낸날 2011년 1월 10일 | **초판 4쇄 펴낸날** 2016년 7월 14일
펴낸이 최만영 | **편집장** 한해숙 | **기획** 우리누리 | **편집** 최현정, 윤경란 | **디자인** 디자인 알도
마케팅 박영준, 신희용 | **영업관리** 김효순 | **제작** 김용학, 이현웅
펴낸곳 주)한솔수북 | **출판등록** 제2013-000276호 | **주소** 03996 서울시 마포구 월드컵로 96 영훈빌딩 5층
전화 02-2001-5818(편집), 02-2001-5828(영업) | **전송** 02-2060-0108
전자우편 isoobook@eduhansol.co.kr | **북카페** cafe.naver.com/soobook | **페이스북** www.facebook.com/isoobook
ISBN 978-89-535-7513-4 74030 | **ISBN** 978-89-535-3408-7(세트)

어린이제품안전특별법에 의한 제품 표시
품명 아동 도서 | **사용연령** 만 8세 이상 어린이 제품 | **제조국** 대한민국 | **제조자명** ㈜한솔수북 | **제조년월** 2016년 7월

ⓒ 2011 우리누리·(주)한솔교육
※저작권법으로 보호받는 저작물이므로 저작권자의 서명 동의 없이 다른 곳에 옮겨 싣거나 베껴 쓸 수 없으며 전산장치에 저장할 수 없습니다.
※값은 뒤표지에 있습니다.

한솔수북의 모든 책은 아이의 눈, 엄마의 마음으로 만듭니다.

유엔 인권 조사관이 네팔 소년한테 들려준

유엔 이야기

머리말

　제가 '곰의 심장'을 만난 건 어느 봄날 오후였어요. 네팔 포카라의 페와 호수 위로 하얀 히말라야가 빛나고, 호숫가 진흙탕에서 버팔로들이 뒹굴며 목욕을 할 때 '곰의 심장'이 논두렁을 지나 저벅저벅 걸어왔지요. '곰의 심장'은 과일나무를 깎아 만든 기다란 나무 지팡이를 들고, 마치 오래전부터 아는 사람을 만난 듯이 성큼성큼 다가왔어요.

　"나는 벤 하트요. 곰의 심장이란 뜻이지요. 곰이라 부르면 편하실 거요."

　곰은 수많은 나라를 돌아다니며 일을 하는 유엔 활동가였어요. 곰이 들려준 세상 사람들의 이야기는 한참이 지나서도 제 가슴속에 묵직하게 남아서, 저는 이 이야기를 꼭 여러분한테도 들려주고 싶었어요. 곰이 들려준 세상 이야기 가운데에는 맑은 아침 햇살처럼 마음을 따뜻하게 비춰 주는 것도 있지만, 어떤 이야기는 너무 가슴이 아파서 며칠 동안 하염없이 울고 싶게 하기도 했어요. 이 이야기는 '곰의 심장'이 들려준 이야기를 바탕으로 하고 있어요.

유엔은 세계에서 가장 큰 국제 조직으로 192개 나라가 참여하고 있어요. 유엔이 하는 일을 한마디로 하면 '세계 평화'를 지키는 것이에요. 전쟁을 막는 것뿐만 아니라 세계 모든 사람들이 마음의 평화를 누리는 세상을 꿈꾸지요.

유엔은 세계 곳곳에서 많은 일을 하지만, 그 힘이 아주아주 세다고 할 순 없어요. 전쟁을 막고 싶어도 못 그럴 때가 있고, 굶주리는 아이들을 다 배불리 먹이고 싶어도 어느 한쪽에서는 여전히 아이들이 배고픔에 쓰러지고 있지요. 하지만 유엔은 포기하지 않고 세계 사람들과 힘을 모아 전쟁, 가난, 질병과 같은 문제들을 차근차근 풀어 나가려고 애써요.

이 이야기는 곰이 네팔 소년 우만한테 들려주는 이야기예요. 우만은 네팔 어디에서나 흔히 볼 수 있는 평범한 아이였는데, 실제로 저랑 곰이랑 아주 친하게 지냈어요. 저는 이 책에서 여러분한테 유엔이 왜 만들어졌으며 어떤 활동을 하는지 말하고 싶어요. 또한 제 절친한 친구 곰과 우만을 여러분한테 소개하고 싶어요.

글쓴이 정명숙

차례

머리말 4
나오는사람들 8

털북숭이와 버팔로 도둑 10

우리 아빠 슈렌드라 20
유엔은 어떻게 생겨났을까? 32

숲으로 돌아온 곰 34
유엔 조직은 어떻게 이루어져 있을까? 44

세상에서 가장 슬픈 나비 지뢰 48
세계의 화약고, 팔레스타인 분쟁 54

곰이 들려준 이크발 이야기 56
어린이 노동을 보호하는 유엔 70

드로그바와 산수 ······················ 72
아프리카의 내일을 돕는 유엔 ······················ 80

도망친 라디오맨 ······················ 82
우리나라와 유엔 ······················ 94

오! 뽀르까스 ······················ 96
유엔과 어린이 교육 ······················ 102

새로 온 선생님 ······················ 104
어린이의 내일을 지키는 유엔 ······················ 112

아빠의 편지와 커피나무 ······················ 114
세계 환경을 지키는 유엔 ······················ 122

곰과 반딧불이 ······················ 124

쉽게 풀어 쓴 유엔 아동 권리 협약 ······················ 128

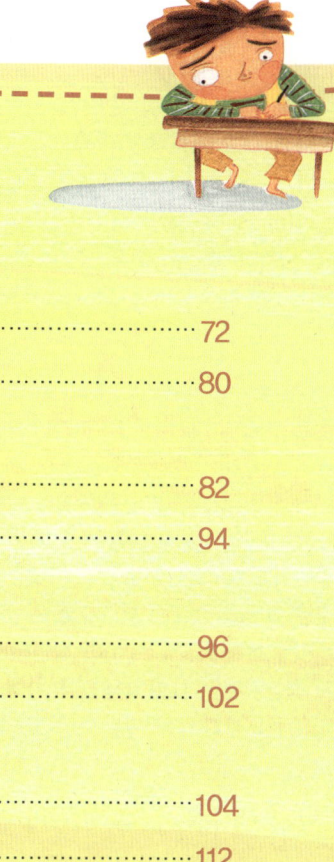

나오는 사람들

벤 하트, 곰

오스트리아 빈에서 태어나 유엔에서 일하고 있어요. 벤 하트란 이름이 '곰의 심장'을 뜻해서 사람들은 보통 '곰'이라고 불러요. 2미터에 가까운 커다란 키에 험상궂은 얼굴을 하고 있지만 마음은 사슴처럼 여리지요. 곰은 세계 곳곳을 누비며 활동하는 인권 운동가이자 협상가예요. 네팔에서 긴 휴가를 보내는 동안 우만과 슈렌드라를 만나 세상 이야기를 들려줘요.

우만

네팔 포카라의 작은 산골 마을에 사는 여덟 살 난 아이. 고수머리에 맑은 밤빛 눈을 지닌 우만은 아빠 슈렌드라와 단둘이 살아요. 우만은 어린 나이에 엄마를 잃었지만 꿋꿋하고 해맑게 지내며 몸이 불편한 아빠를 정성껏 보살피지요. 우만은 버팔로와 염소한테 먹이를 주고 아빠의 밥도 챙겨요. 어느 날 우연히 곰을 만나 따뜻한 우정을 키워요.

슈렌드라

우만의 아빠 슈렌드라는 마을에서 보기 드물게 많이 배운 사람이에요. 그런데 이라크 전쟁에 갔다가 다쳐서 돌아온 뒤 아주 딴 사람이 되고 말았어요. 아무 하는 일 없이 방구석에 틀어박혀 있거나 마을을 떠돌며 언제나 술에 취해 살지요. 그래도 아들 우만은 누구보다 깊이 사랑해요.

뽀르가스

우만의 학교 짝꿍 친구. 왼쪽 눈을 다쳐서 잘 볼 수 없지만 크게 마음 쓰지 않아요. 집에서 말을 돌보고, 형들이 돈을 벌러 인도로 간 뒤에는 학교에도 안 가고 엄마를 도와 커피 농사를 짓지요.

푸자

우만을 친동생처럼 돌보는 이웃집 누나. 어린 나이에 히말라야 등산객 짐을 나르는 포터 일을 하다가 크게 다쳐서 다리를 절어요.

라디오맨

술과 노름으로 재산을 모두 날려 버린 마을의 골칫덩이. 마을 사람들의 텔레비전과 라디오를 훔쳐다 노름을 하기 때문에 '라디오맨'이란 별명이 붙었어요. 툭하면 아내를 마구 때려, 어느 날 이를 말리는 슈렌드라와 크게 다투고 마을에서 도망쳐요.

털북숭이와 버팔로 도둑

"리뚜! 리뚜!"

초록 파파야 나무들 사이를 달리는 내 다리가 후들후들 떨리고 있었다. 이마에서 흘러내린 땀으로 눈은 마구 따끔거렸다. 하늘의 태양은 내 머리칼을 모두 태워 버릴 듯 이글이글 타올랐지만 나는 흘러내리는 땀을 닦을 시간조차 없었다. 나는 산길 아래로 내달리며 동네가 떠나가도록 소리쳤다.

"리뚜! 리뚜!"

리뚜는 우리 집 버팔로 이름이다. 우리 집이 가진 것이라고는 버팔로 세 마리 그리고 언제나 잠만 자는 아빠와 고장난 냉장고뿐이다. 사실 전기조차 안 들어오는 우리 집에서 냉장고는 있으나 마나! 술만 먹는 아빠는 무서워서 진작에 포기했다. 하지만 버팔로는 다르다. 그 가운데에서도 버팔로의 대장 리뚜는 더더욱 다르다. 리뚜는 우리 집의 가장 큰 재산이자, 내 하나뿐인 친구이기 때문이다.

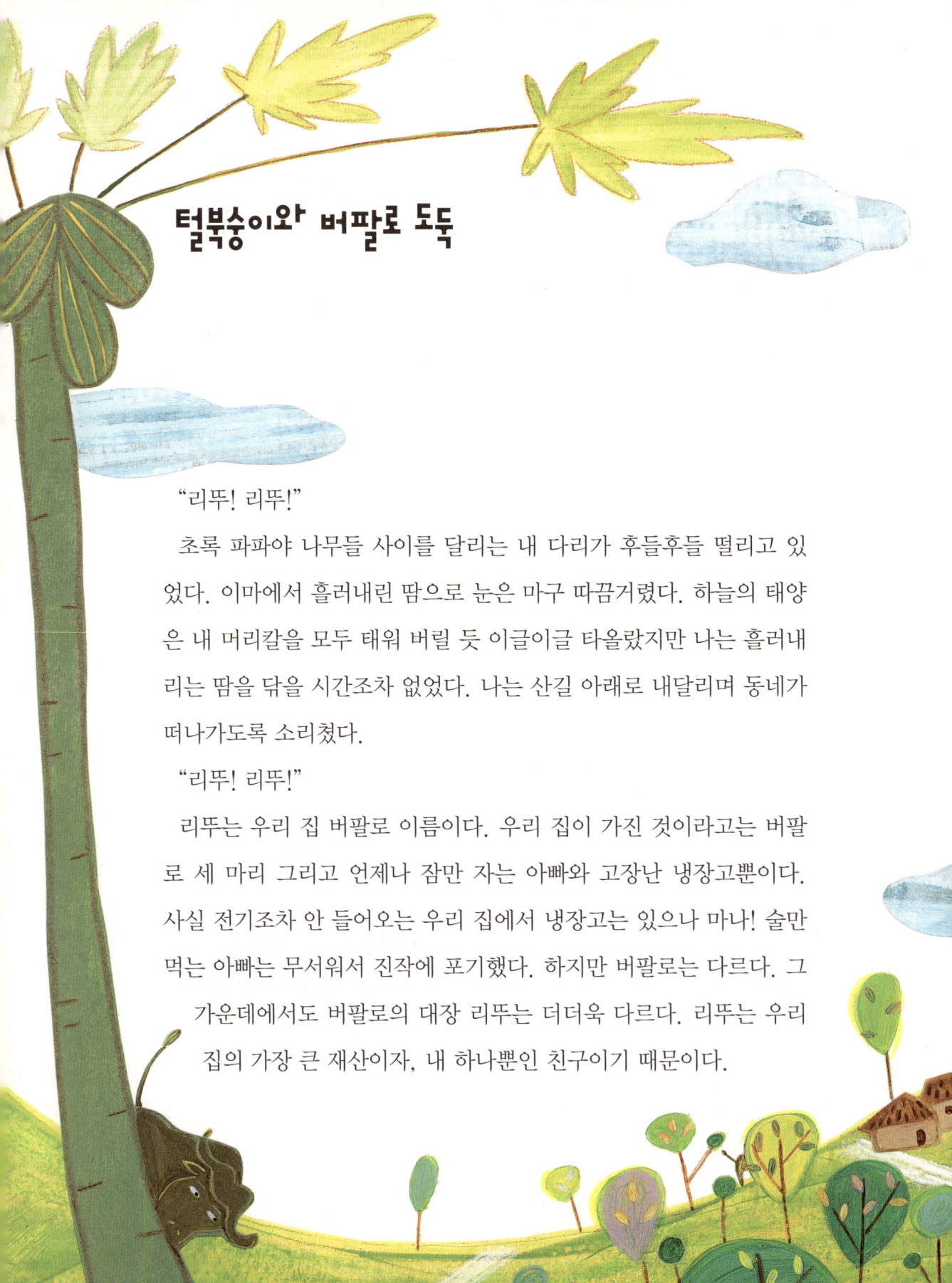

사람들은 버팔로가 강가를 어슬렁거리며 진흙탕에 목욕이나 하고 풀이나 질겅질겅 씹어 대는 멍청한 동물인 줄로 안다. 버팔로는 소보다 몸집이 크고 가죽도 더 단단하지만 성질이 순하다. 사람을 공격하는 일도 없고, 오히려 사람이 다가가면 화들짝 놀라 후닥닥 도망치는 겁쟁이다.

보통 밤이 되면, 버팔로는 우리 집 마당으로 돌아온다. 그런데 어젯밤 마당에 돌아온 버팔로는 두 마리뿐. 리뚜가 사라진 것이다. 나는 어찌할 바를 몰라 발만 동동 굴렀다.

"아빠, 리뚜를 찾아올게요."

그러자 아빠가 몸을 뒤척이며 잠꼬대하듯이 중얼거렸다.

"가지 마……. 내일 가……."

이튿날, 나는 날이 밝자마자 집을 나섰다. 하나뿐인 리뚜를 누가 훔쳐갔다고 생각하니 눈앞이 캄캄했다. 버팔로가 사라지면 내년에 학교에 들어가는 내 학비는 어떻게 마련한단 말인가? 나는 신발을 신고 온 산자락을 뛰어 다녔다.

"리뚜! 리뚜! 돌아와. 이 멍청한 버팔로야! 내 말 좀 들어."

파파야 나무와 커피 농장을 지나, 나는 버스가 지나는 길까지 갔다. 하지만 버스도 버팔로도 보이지 않았다. 나는 길바닥에 쪼그리고 앉았다. 갑자기 숨이 턱 막혔다. 내년에 학교에 못 갈지도 모른다는 생각에 눈물이 뚝뚝 떨어졌다. 그때, 곰이 나타났다.

"리뚜가 누구지? 네 동생이냐? 동생을 잃어버렸어?"

나는 고개를 들었다. 세상에! 눈앞에는 털북숭이 거인이 서 있었다. 머리가 덥수룩해서 그렇지, 앞머리를 들치면 눈이 하나 더 달려 있을 것만 같았다. 나는 왠지 무서운 생각에 침을 꿀꺽 삼켰다.

"리뚜가 누구냐고, 얘야."

생각보다 다정한 목소리에 나는 갑자기 소름이 돋았다. 요즘 네팔에는 남자아이들을 팔아 돈을 동냥시키는 사람들이 있다던데, 혹시 그런 나쁜 사람이 아닌가 하는 생각이 들었다. 나는 천천히 일어나 바지를 털었다. 그리고 대답했다.

"버팔로요. 이젠 괜찮아요. 집에 갈래요."

그러자 그 무지막지한 털북숭이가 버럭 소리쳤다.

"괜찮긴 뭐가 괜찮아? 버팔로를 잃어버려서 찾고 있다면 끝까지 찾아야지. 안 그래?"

"아……. 네!"

"그렇지. 따라와!"

어느새 정신을 차려 보니 털북숭이가 앞장서서 저벅저벅 걸어가고 있고, 나는 그 부하가 되어 뒤에서 쫄쫄 따라가고 있었다.

"너희 집은 어디지?"

"저기, 커피 농장 보여요? 거기 한참 뒤요."

"아! 그럼 너희 동네는 다 찾아보았어?"

"그럼요. 오늘 새벽부터 이 잡듯이 동네를 몽땅 뒤졌는걸요……."

"좋아. 그럼 산에 오르자!"

"네? 갑자기 산에는 왜……."

"하하, 요 개미만 한 꼬맹아, 잔말 말고 따라와!"

털북숭이는 다리에도 털이 부왕부왕 나고, 허벅지처럼 두꺼운 팔목에도 마구 자란 잡초처럼 털이 북슬북슬했다. 참 신기하게도 거인 같은 이 남자는 하나도 힘들이지 않고 산을 잘 올랐다. 어찌나 산을 잘 오르는지, 나는 이 남자가 등산가일 거라고 지레짐작했다.

"됐다!"

우리는 마침내 작은 산 꼭대기에 올랐다.

"엥? 여기서는 버팔로가 안 보여요. 너무 높이 올라왔어요."

"하하하! 누가 버팔로를 찾으라고 했냐? 여기 서서 우렁차게 버팔로 이름을 불러라. 리또? 리또레? 뭐라고 했더라……."
"리뚜요!"
"그래, 리뚜! 하고 우렁차게 불러 봐! 어서!"
털북숭이가 어찌나 진지하게 말하는지, 나는 갑자기 용기가 생겼다. 나는 고개를 쭉 내고 두 손을 입가에 모아 소리쳤다.
"리뚜! 리뚜!"
그때, 그 고요하던 산 자락에서 버팔로의 울음소리가 들려왔다.
"음매애애애!"
분명 리뚜의 대답이었다.
"리이이뚜우우우!"
"음매애애애!"
버팔로의 울음소리가 더 길어졌다. 분명히 리뚜였다.
"아저씨, 리뚜예요! 우리 리뚜라고요!"
"그래. 소리가 나는 곳을 보니 저 건넛마을이다. 같이 가자!"
이번에도 털북숭이가 앞장서서 성큼성큼 산을 내려갔다. 나는 신이 나서 펄쩍펄쩍 뛰며 따라갔다. 우리는 반 시간도 안 걸려 리뚜를 찾아냈다. 리뚜는 처음 보는 집 마당에 묶여 있었다.

"리뚜! 너, 왜 여기 있어?"

나는 리뚜 엉덩이를 세게 한 대 쥐어박았다. 그때, 한 농부가 나타났다.

"무슨 일이오?"

"무슨 일이긴? 당신이 이 버팔로를 훔친 거요?"

털북숭이가 눈을 부라리며 묻자 농부는 움찔하는 것 같았다. 하지만 지지 않겠다는 듯이 팔짱을 끼며 털북숭이한테 말했다.

"훔친 게 아니오. 저 버팔로가 내 채소밭을 망가뜨려 잡아 놓은 것뿐이오."

"아, 그래서 버팔로를 훔치지 않았다는 거요?"

"그렇소. 버팔로를 데려가도 됩니다만, 버팔로가 망친 내 채소 값은 물어 주어야 하오."

농부의 말에 나는 눈앞이 깜깜했다. 배고픈 우리 리뚜가 아무 생각 없이 남의 채소를 오물오물 먹어 버렸다면 어쩌란 말인가!

"아아……."

나는 머리를 싸맸다. 그때 털북숭이가 침착한 목소리로 물었다.

"좋습니다. 제가 채소 값을 드리지요. 하지만 그전에 이 버팔로가 망가뜨린 채소밭 좀 보여 주십시오. 얼마나 망가뜨렸는지, 알아야 돈

을 드릴 수 있는 것 아닙니까?"

털북숭이의 말에 농부는 갑자기 허둥댔다.

"아니, 그게 저……."

"자, 어서 채소밭으로 갑시다."

"어, 그럼 이쪽으로……."

농부가 보여 준 채소밭은 잡초만 가득한 버려진 땅이었다. 그곳에는 아무것도 없었다. 농부는 입술을 깨물며 땅만 바라보고 있었고, 털북숭이의 둥그런 눈은 점점 커져 갔다.

"이봐요! 당신을 버팔로 도둑으로 경찰에 신고하겠소!"

그러자 농부가 이전과는 다르게 상냥한 목소리로 말했다.

"아이, 참! 날도 좋은데 그렇게 화를 내면 건강에 안 좋……."

"됐고! 다시 한번 남의 버팔로를 훔치면 내 가만 안 있을 거요!"

털북숭이의 말에 농부는 두 손을 비비며 굽신거렸다.
"아아, 죄송합니다."
"흥! 다시는 그러지 마시오. 보아하니 아주 나쁜 사람 같지는 않은데……."
농부는 눈물까지 글썽글썽하며 털북숭이의 손을 꼭 잡았다.
"정말 죽을 죄를 지었습니다. 다시는 이러지 않겠습니다."
우리는 버팔로와 함께 마을로 돌아갔다. 해가 저물어 가는 숲에는 반딧불이가 춤을 추고 있었고, 마을은 조용했다. 이따금 개구리 울음소리, 풀 벌레 소리, 개 짖는 소리가 들려왔을 뿐이다. 아, 정말 멋진 저녁이었다.
"고마워요. 아저씨 덕분에 버팔로를 찾았어요."
"아, 괜찮아."
"아저씨, 이름이 뭐예요? 아저씨, 등산가 맞죠? 그렇죠?"
그러자 털북숭이는 턱수염을 긁적이며 말했다.
"음, 내 이름은 벤 하트야. 곰의 심장이란 뜻이지. 사람들은 나를 곰이라 불러."
"곰? 정말 딱이네요. 하하하."
"네 이름은 뭐냐? 꼬맹아."
"우만이에요. 곰은 등산가예요?"
"아니란다."

털북숭이 곰이 대답했다. 곰은 옆에서 따라오는 버팔로를 보며 말했다.
　"버팔로는 아주 똘똘한 동물이야. 한번 먹이를 주면 자신의 주인을 알아보고 절대 잊지 않아. 주인이 아무리 멀리 떨어져 있어도 주인의 목소리와 냄새를 알아내지. 버팔로는 어느 동물보다 순하고 지혜롭단다."
　나는 곰의 얼굴을 보았다. 거대한 털 뭉치 같지만 이상하게도 참 지혜롭고 똑똑한 사람처럼 보였다. 물어보면 무엇이든지 척척 대답을 해 주는 박사님처럼 말이다. 반딧불이 하나가 곰의 앞머리에 앉았다. 그러자 곰이 두 손을 살며시 모아 반딧불이를 잡았다. 하지만 반딧불이는 어슴푸레한 빛을 남기며 하늘로 사라졌다.
　"앗!"
　"왜 그러냐?"
　"아저씨 이마에 눈에 없네요? 나는 아저씨 눈이 세 개일 줄 알았는데, 하하!"
　"뭐라고?"

우리 아빠 슈렌드라

우리 아빠 슈렌드라는 우리 동네를 통틀어 가장 많이 배운 사람이다. 그러면서도 사람들한테 늘 친절했고, 동네 사람들 또한 우리 아빠를 무척 아꼈다. 옛날 우리 아빠는 마을에서 가장 잘사는 축에 속했는데, 이라크 전쟁에 나가 총알을 맞은 다음부터는 모든 게 달라졌다. 전쟁터에서 돌아온 아빠는 언제나 술에 취해 살았다.

"술을 마시면……, 몸이 안 아파……."

아빠는 몸을 주물러 주는 것을 싫어하신다. 등에 기다란 척추뼈라는 게 있는데, 전쟁터에서 다치는 바람에 가운데 뼈 하나를 빼내고, 그 안에 철심을 박으셨다고 한다. 지금 아빠는 걷고 뛸수는 있지만 오랫동안 일을 하면 몹시 아프다고 하신다. 비만 오면 더욱 술을 많이 마시고, 나는 문지방에 앉아 아빠의 신음 소리를 들어야 했다.

아빠가 다치기 전, 마을 사람들은 무슨 일이 생기면 헐레벌떡 우리 아빠한테 달려왔다. 그러면 아빠는 사람들의 말에 곰곰이 귀를 기울이고 이런저런 대답을 해 주셨다. 아빠는 이 동네를 통틀어 가장 똑똑하다고 소문난 전설 같은 존재였다. 하지만 이제는 미치광이로 통한다.

아빠는 툭하면 집을 뛰쳐나가 길을 마구 돌아다니고, 나무건 담벼락이건 아무 데서나 몸을 눕히고 잠들었다. 아빠는 거지들도 꺼릴 만큼 더러운 몰골에 언제나 술에 취한 눈빛으로 비틀거리며 다녔다. 사람들이 아빠한테 깨끗한 옷을 내주어도 아빠는 옷을 갈기갈기 찢어 내동댕이쳤다.

아빠는 그래도 구걸은 하지 않았다. 거지보다 더한 차림이었지만 그렇다고 굽신거리지는 않았다. 절대 소리를 크게 내거나 횡설수설하지도 않았고, 늘 아무 말이 없었다.

그저 천천히 길을 걷거나 좋아하는 나무 아래 앉아 아침 해가 저녁노을로 바뀔 때까지 말 없이 지켜보았다. 그러자 마을 사람들은 겁이 없어졌는지, 잠시 미쳤는지, 아니면 불쑥 용기가 솟았는지 가끔은 아빠를 때리기도 했다. 아빠는 되받아치지 않았다. 아빠 얼굴에 멍이 든 날도 있었고, 때로는 퉁퉁 부은 눈으로 나무 아래에 우두커니 앉아 있었다. 이제 아무도 아빠를 교육받은 학자이자 귀한 집에서 자란 남자로 보지 않았다. 미치광이, 거지, 부랑자로 취급받는 우리 아빠. 하지만 곰의 생각은 달랐다.

"우만, 너도 아빠가 미쳤다고 생각하냐?"

"아니요……."

"너희 아빠는 절대 미치지 않았어. 거지도 아니야. 한 번도 구걸한 적이 없고, 한 번도 남한테 폐를 끼치지 않았어. 아빠는 남의 것을 훔친 적도 없거니와 피해를 준 적도 없지. 아빠가 하는 일이 뭐야? 해가 떠오르는 호숫가에 앉아 햇살을 쬐는 것뿐이야. 너희 아빠는 절대 미치광이 술주정꾼이 아니야. 그저 전쟁에서 모든 것을 잃어버린 불쌍한 분이란다."

"저도 그렇게 생각해요……."

어쨌거나 우리 동네에서 아빠의 전설은 사라져 갔다. 그 대신 서서히 떠오르는 전설이 있었으니, 바로 곰이다. 곰은 언제부터인가 마을 한구석에 있는 작은 집에 살았다. 곰의 집에는 텔레비전은커녕 냉장

고나 작은 가구조차 없었다. 그저 달랑 침대 하나와 책상 위의 컴퓨터, 부엌에 있는 솥단지 몇 개가 다였다. 곰은 언제나 과일나무를 깎아 만든 기다란 지팡이를 들고 온 산을 저벅저벅 걸어 다녔다. 곰은 진짜 곰도 화들짝 놀라게 할 만큼 우락부락하게 생겼지만, 언제나 마을 사람들한테 친절했고 사람들의 말에 귀 기울일 줄 알았다.

"이야, 곰은 모르는 게 없어!"

"어쩐지! 외국에서 온 학자가 뭔가 배워 갔다는 소문도 있더라."

"정말?"

이런 소문은 엄청나게 빨리 퍼져 나갔다. 곰은 마을의 술주정뱅이를 만나 채소도 나눠 주고, 아이들 숙제도 거리낌 없이 도와줬다. 농부가 부탁을 하면 커피나무에 물도 주고, 아줌마들이 무거운 짐을 들고 가면 선뜻 그 짐을 나눠 들었다. 나는 가끔 곰과 함께 언덕에 올라가 노을을 보았다. 사실 내가 언덕에 앉아 노을을 보고 있으면, 어느새 곰이 다가와 옆에 털썩 주저 앉은 것이지만…….

"아버지 밥을 차려 드렸냐, 우만?"

"네. 그런데 안 드신대요."

"내일은 내가 약을 가지고 찾아가마. 그 약은 통증을 없애는 데 좋다는구나."

"곰, 고마워요."

"하하! 됐어."

그렇게 우리는 저녁노을을 같이 보는 친구가 되었다. 나는 곰과 함께하는 시간이 가장 마음 편했고, 곰과 헤어지는 시간이 가장 서운했다. 그런데 얼마 안 지나 곰이 덜컥 사라졌다. 아직도 그 생각만 하면 가슴 한쪽이 찢어질 듯이 아프다.

그날은 하늘이 맑아서 멀리 히말라야가 또렷하게 보이는 날이었다. 나와 곰은 풀을 뜯는 버팔로들 곁에서 히말라야 산 사이로 지는 저녁노을을 바라보고 있었다. 그때, 마을 저 멀리서 커다란 자동차들이 먼지를 일으키며 부릉부릉 다가왔다.

"우아! 차가 다섯 대나 와요!"

나는 지프차를 가리켰다.
"……."
곰은 아무 말도 안 하고 내 손을 덥석 잡았다.
"이만 내려가자."
"아저씨……."
 그 순간, 갑자기 차가 모두 멈춰 섰다. 그리고 차에서 양복을 입은 남자들이 척척 내렸다. 모두 도시에서 큰돈을 버는 사업가들처럼 보였다. 남자들은 차에서 내려 곰을 보았다.
"앗, 우리를 가리켜요. 보세요, 곰!"

"음, 벌써 늦었군……."

곰은 슬며시 내 손을 내려놓았다. 그리고 팔짱을 끼고 남자들을 내려다보았다. 차에서 내린 한 남자가 산비탈을 올라왔다. 그는 대장처럼 보이는 사람이었다.

"당신을 찾느라 애 많이 먹었습니다."

"돌아가세요."

"돌아가긴요. 어떻게 찾았는데……."

"난 이제 더는 유엔에서 일하지 않을 거요."

"아닙니다. 당신이 꼭 필요합니다. 우리는 수많은 학자와 인권 운동가와 일했습니다. 하지만 그 누구도 당신만큼 보람을 낸 사람은 없

습니다. 제발 다시 유엔으로 돌아와 주십시오. 지금도 수많은 군인들이 죽어 가고 있고, 수많은 아이들이 굶주리고 있습니다. 제발 부탁입니다."

남자는 물러서지 않고 진지한 눈빛으로 곰의 눈을 보았다.

"잠깐 우리 집으로 갑시다. 우만, 오늘은 먼저 돌아가마."

"곰, 내일 봐요."

"그래."

곰이 말했다.

이튿날, 눈을 뜨자마자 들은 소식은 곰이 떠났다는 것이었다. 간다는 말도 없이, 편지 한 장 없이, 인사도 없이 곰이 사라진 것이다. 그렇게 우리 동네 전설은 사라졌다. 그날은 아빠도 깜짝 놀랐는지 술도 안 마시고 방문턱에 우두커니 앉아 있었다.

"잘됐어. 잘된 일이야……."

곰이 사라지자 마을 사람들은 모두 어깨를 툭 떨구며 한숨만 쉬었다. 나도 기운이 빠졌고, 버팔로 리뚜도 기운이 빠졌는지 나무 아래서 멀거니 앉아 있었다. 나는 아빠한테 물었다.

"아빠, 유엔이 뭐예요? 유엔에서는 곰이 꼭 필요하다는데……."

아빠는 수염을 쓰다듬으며 말했다.

"우만, 이 세상에는 수많은 나라가 있어, 그건 알지?"

"네."

"그 수많은 나라들이 모두 사이가 좋다면 얼마나 좋을까만, 사실 그렇지 않아. 중동과 아프리카에서는 전쟁이 끊이질 않고, 미국은 이라크와, 러시아는 아프가니스탄과 전쟁을 벌였지. 이렇게 전쟁이 나면 어떻게 해야 할까?"

"어떡하긴요. 전쟁이 안 나게 말려야죠."

"그래. 나라와 나라가 싸우고, 힘 있는 나라가 힘없는 나라를 무너뜨리면 이 세상은 큰 혼란에 빠질 거야. 그 혼란을 막으려고 유엔이 있는 거다. 유엔은 세계 거의 모든 나라가 모여서 만든 국제 조직이야. 그래서 전쟁이 날 것 같거나 전쟁이 터졌을 때, 하루빨리 평화를

되찾을 수 있게 애를 쓴단다."

"이야! 유엔은 아주 좋은 일을 하네요?"

 나는 탱크 앞에 서서, 척 손을 들고 전쟁을 막는 곰을 떠올렸다. 그러자 키득키득 웃음이 나왔다. 왠지 거대한 탱크조차도 곰 앞에서는 쩔쩔매며 무릎을 털썩 꿇을 것만 같았기 때문이다. 내가 낄낄대며 웃자, 아빠도 덩달아 웃음을 터뜨렸다. 오래간만에 보는 아빠의 웃음이었다.

"뭐가 웃기냐?"

"곰이 벌떡 일어나 탱크를 막는 모습을 상상했어요. 하하하!"

그러자 아빠가 배를 잡으며 웃었다.

"허허, 곰은 군인이 아니야."

"네? 그럼 뭔데요?"

"유엔은 엄청나게 많은 기관이 있는 국제 조직이야. 곰은 그 기관들마다 모셔가고 싶어 하는 뛰어난 인권 운동가야. 곰은 전쟁이 날 것도 말 한마디로 멈추게 할 수 있는 사람이지."

"그럼, 곰이 유엔에서 가장 높은 사람이에요?"

"아니. 그건 아니고."

"유엔에서 가장 높은 사람은 누구예요?"

"음, 유엔 사무총장이 있어. 유엔 사무총장은 유엔에서 가장 높은 사람은 아니지만, 유엔을 대표하는 사람이지. 아마 곰은 유엔 사무총장 아래에 있는 비서실에서 일하는 인권 운동가일 거야. 내가 살아오면서 만나 본 사람 가운데 가장 지혜롭고 생각이 깊은 사람이 아닌가 싶구나. 우리 마을에 머물기에는 참 아까운 사람이었지."

아빠도 곰이 그리운 듯 달을 보았다. 히말라야 산 위에서 둥근 달은 환하게 빛나고 있었다. 구름조차 없는 맑은 밤이었다. 그렇게 우리 마을의 두 번째 전설 곰은 잊혀져 갔다.

이듬해, 아빠는 리뚜를 팔아 학비를 마련했고,

나는 리뚜한테 미안해 눈물을 펑펑 흘렸지만 학교에 가게 되었다. 나는 학교에서 공부보다 축구를 더 잘했고, 밥 짓는 실력도 점점 늘어갔다. 아빠는 여전히 일을 못했고, 내가 할 수 있는 것은 이웃집 버팔로를 돌보며 돈 조금을 받는 게 다였다. 그렇게 내가 너무 바빠서 곰을 까맣게 잊을 무렵, 거짓말처럼 곰이 돌아왔다.

곰이 들려주는 유엔 이야기

유엔은 어떻게 생겨났을까?

국제 연맹

유엔(국제 연합)을 알려면 먼저 그전에 있던 국제 연맹을 알아야 해요. 1차 세계 대전이 끝난 뒤 사람들은 전쟁이 얼마나 무시무시한지 깨달았어요. 전쟁은 연합국의 승리로 끝났지만 전쟁에 참여한 나라들은 모두 커다란 피해를 입었지요. 이를 계기로 세계는 평화로운 방법으로 전쟁이나 갈등을 해결해 나가는 단체가 필요하다고 느꼈어요.

1920년, 미국 대통령 윌슨의 제안으로 마침내 '국제 연맹'이란 조직이 생겨났어요. 그런데 정작 미국은 상원 의회의 반대로 국제 연맹에 가입하지 못하고, 소련도 다른 회원국들한테 추방을 당했어요. 독일, 이탈리아, 일본은 국제 연맹의 조약을 무시한 채 2차 세계 대전을 일으켰지요. 이처럼 국제 연맹은 세계 평화에 별다른 구실을 하지 못한 채 유엔이 생겨난 지 1년 뒤인 1946년에 사라지고 말았어요.

2차 세계 대전과 유엔(United Nations)

2차 세계 대전은 지금까지 벌어진 전쟁 가운데 가장 무섭고 끔찍했어요. 전쟁이 끝난 뒤 국제 연맹보다 힘이 센 평화 유지 기구를 만들자는 목소리가 세계 이곳저곳에서 흘러나왔지요. 그래서 1945년 10월, 세계 51개 나라가 모여 국제 연합(유엔)을 만들었어요.

오늘날 유엔에는 세계 192개 나라가 회원국으로 참여하고 있어요. 세계 평화 유지, 군사 시설과 전쟁 장비 축소, 경제 발전 증진, 인권 보장, 식량 자급자족, 어린이와 여성 복지, 종교나 인종 갈등 조정, 사회·경제·문화·교육 활동 지원과 같은 여러 가지 일을 하고 있지요. 남과 북으로 갈라져 있는 우리나라는 1991년에서야 정식 회원국이 되었어요.

유엔은 어디에 있을까?

유엔 본부는 미국 뉴욕에 있어요. 2차 세계 대전이 끝난 뒤, 그때 미국의 재벌 록펠러 가문에서 뉴욕 맨하튼에 있는 땅을 선물해 유엔 본부 건물을 세웠지요.
유엔 본부 건물은 그맘때 세계에서 이름난 건축가 열한 사람이 모여 함께 설계했어요. 세상에 평화를 전하는 곳이 되기를 바라는 마음으로 건물에 '평화 실험실(Workshop for Peace)'이란 이름을 붙였어요.

세계 모든 나라가 유엔에 참여하고 있을까?

그렇지는 않아요. 오늘날 세계에는 200개가 넘는 나라들이 있는데, 이 가운데에는 아직 유엔 회원국 자격을 갖추지 못한 나라들이 있거든요. 코피 아난 전 유엔 사무총장은 "유엔보다 회원국이 많은 월드컵이 부럽다.'고 말한 적이 있어요. 세계 축구 협회(FIFA)에는 유엔보다 많은 208개 나라가 회원국으로 있으니까요.

유엔 깃발

가운데 지도 그림은 북극 하늘에서 지구를 봤을 때 우리가 살고 있는 5대양 6대주를 나타내요. 지구 둘레를 감싸고 있는 올리브 가지는 평화를 상징해요. 그러니까 '올리브 가지에 감싸인 지구'는 전쟁이나 폭력, 차별, 굶주림 없이 모든 사람이 평화롭게 살아갈 수 있는 세상을 뜻해요.

숲으로 돌아온 곰

　그날은 비가 세차게 오는 날이었다. 사나운 바람이 숲을 거칠게 흔들어 댔다. 거센 비가 내리자, 아빠는 허리가 아픈지 신음 소리를 내며 침대에 털썩 쓰러졌다.
　나는 마당에 플라스틱 양동이를 내다 놓았다. 양동이 가득 물을 받아 놓으면 물을 길으러 산 아래까지 낑낑대고 안 가도 되기 때문이다. 물통을 마당에 내려놓고, 빗자루를 들고 마당을 쓸었다. 그때 갑자기 '땅땅땅' 양철 지붕 때리는 소리가 들려왔다.
　"으악!"
　하늘에서 우박이 마구 떨어지고 있었다. 손톱만 한 흰 얼음 덩어리가 후드득 후드득 거칠게 떨어졌다. 마당은 눈 깜짝할 사이에 하얗게 바뀌었다. 마치 트럭에서 하얀 조약돌을 마당에 우르르 쏟아 붓는 것 같았다. 손톱만 한 우박은 점점 커지더니, 나중에는 탁구공처럼 커졌다.

"어유, 참나! 이 우박을 맞으면 머리통 뚫어지겠구먼!"
갑자기 한 남자가 마당에 뛰어 들어왔다.
"앗, 당신은……, 곰!"
"우만. 잘 있었냐?"
나는 빗자루를 내동댕이치고 곰을 덥석 안았다. 곰은 내 머리를 쓰다듬어 주었다.
"우만, 많이 컸구나? 이제 학교는 다니냐?"
"도대체 어디 갔었어요? 말도 없이!"
"아! 미안, 미안. 일이 급해서 그랬어. 아버지는 잘 계시고?"
곰이 활짝 웃으며 물었다.

"난 잘 있소."

아빠 목소리가 들렸다. 고개를 들어 보니, 아빠가 방문턱에 앉아 계셨다. 우아! 믿어지지 않게도 아빠는 환하게 이를 보이며 웃고 계셨다.

"약을 가지고 왔어요. 통증이 가라앉을 겁니다."

곰이 아빠의 손을 꽉 잡고 말했다.

"우만, 차 좀 내와라."

"네."

나는 곰과 얘기하고 싶었지만, 잠자코 차를 준비하러 부엌에 들어갔다.

"잘 있었소, 슈렌드라?"

"네. 그동안 어디를……."

"이곳저곳 불려 다녔지요. 이제 겨우 돌아온 거요."

"다시 돌아가십니까?"

"아마도. 하지만 이번엔 휴가를 좀 오래 냈으니 시간은 있어요."

나는 설탕을 아낌없이 넣어서 곰한테 차를 대접했다. 곰은 두 손으로 차를 받으며 빙그레 웃었다. 나도 곰의 눈을 보고 빙긋 웃었다. 자꾸 웃음이 나왔다. 밖에서는 커다란 우박이 우두둑 우두둑 떨어지고 있는데 하나도 걱정이 안 됐다. 곰은 그 사이 아주 말끔해져 있었다. 수염은 깨끗하게 밀고, 머리도 전보다 짧고 가지런했다. 청바지는 조금 전에 갈아입은 것처럼 깨끗하고, 흰 티셔츠는 신기하게도 곰과 잘 어울렸다.

"곰, 유엔에서 일하신다고 들었어요."

"하하하! 우만, 네가 이제 유엔도 알아?"

"그럼요. 학교에서 배웠어요. 세계에서 가장 큰 국제 기구이자 가장 바쁜 국제 기구라고요. 유엔은 전쟁도 막고, 이 세상의 가난한 아이들도 돕고, 전염병도 물리친다고 들었어요."

"이야! 버팔로 잃고 징징 울던 우만이 정말 많이 컸구나!"

곰의 말에 아빠가 웬일인지 빙그레 웃었다.

곰이 홀짝홀짝 차를 마시는 동안 우박이 갑자기 뚝 멈췄다. 안나푸르나에서 온 커다란 구름이 다 지나간 모양이다. 우박이 멈추고 비도 멈추자, 다시 개구리 울음소리가 들려왔다. 풀벌레 소리도 들려왔다. 공기는 맑았고 우리 옆에는 곰이 있었다. 나와 함께 날마다 저녁노을을 바라보던 그 털북숭이 곰이 말이다.

"지금은 어디서 돌아오는 길이십니까?"

아빠가 물었다.

"팔레스타인에서 돌아오는 길입니다."
"곰, 팔레스타인이 어디 있어요?"
"음……. 이스라엘이 어디 있는지는 알아?"
"몰라요."
"중동에는 '이스라엘'이라는 작고도 널리 알려진 나라가 있어. 그 나라는 원래 팔레스타인 사람들과 유대인이 살던 나라야."
"왜 널리 알려졌는데요?"
"예수가 태어난 베들레헴이라고 들어 봤지? 예수의 고향이 바로 팔레스타인이야. 그 땅은 유대교와 기독교, 가톨릭의 성지로 오랫동안 자주 전쟁이 일어났지."

곰의 말로는, 그 땅은 오랫동안 전쟁이 끊이지 않는 땅이라고 했다. 그 땅에 살던 유대인들은 쫓겨나 온 세계를 떠돌았고, 유럽이나 러시아 곳곳에서 박해를 받고 사는 처지가 되었다. 그러다 2차 세계 대전이 터지고, 그때 독일의 권력을 틀어쥐고 있던 히틀러는 무시무시한 명령을 내렸다.

"유대인은 모두 잡아들여서 죽여라!"

수백만의 유대인이 가스실로 끌려가 끔찍하게 살해당했다. 2차 세계 대전이 끝나고 유대인들은 똘똘 뭉쳤다. 옛날 자신들이 살던 땅에 자유롭고 떳떳하게 살아갈 수 있는 독립 국가를 세우려고 했다. 그 오랜 노력 끝에 세운 나라가 바로 이스라엘이다.

그러자 그때까지 이스라엘 땅에 살고 있던 팔레스타인 사람들은 하루아침에 자기 나라를 잃어버린 꼴이 되었다. 팔레스타인 사람들은 예루살렘, 텔아비브, 하이파와 같은 많은 도시에서 쫓겨났다. 오랫동안 집안 대대로 이어 온 농장도 빼앗기고, 대대로 이어 온 학교도 문을 닫고, 집은 폭격으로 날아갔다. 사방에서 통곡 소리가 넘치고 사람들은 총탄에 쓰러져 갔다. 이렇게 해서 유대인과 팔레스타인 사람들 사이에 길고 긴 전쟁이 벌어졌다.

"우리한테 자유를 달라!"

팔레스타인에서는 아직도 어린이들이 돌멩이를 들고 탱크에 맞서고, 이스라엘 사람들은 폭탄 테러에 시달리는 두려움 속에서 하루하루 살고 있다. 팔레스타인은 아직 국가로 인정도 받지 못하고 있다고 했다.

"한번은 예루살렘에 간 적이 있지. 가슴이 정말 찢어질 듯이 아팠단다."

"왜요?"

내가 곰한테 물었다.

"예루살렘에는 통곡의 벽이 있어. 수천 년이나 된 오래된 벽이지. 그냥 벽이야. 하지만 그 벽 앞에는 테러로 자식을 잃은 어머니들의 울음소리가 끊이질 않는단다. 위험한 상황이 되면 너보다 어린 아이들이 방독면을 들고 다녀. 그런 아이들을 보면 가슴이 아프지."

곰의 말에 아빠와 나는 아무 말도 할 수 없었다. 곰의 목소리가 얼마나 무거웠는지, 듣기만 해도 눈물이 왈칵 나올 것 같아 입술을 꼭 깨물어야 했다. 아빠는 목이 타셨는지 작은 소리로 나를 불렀다.

"우만, 술을 내와라."

"아버지……."

그러자 곰이 아빠의 손을 잡았다.

"슈렌드라, 저랑 차나 같이 한잔 해요."

"그래요, 아빠. 제가 차를 끓일게요."

나는 다시 부엌으로 들어갔다. 그리고 아빠를 위해 설탕을 듬뿍 넣고 차를 끓였다.

"참, 달달하군."

"하하. 아빠 차는 설탕을 더 넣었어요."

그때 곰이 문득 생각났다는 듯이 말했다.

"얼마 전에 아주 가슴 아프고 뭉클한 사건이 있었어요."

"이스라엘에서요?"

아빠가 눈을 반짝이며 물었다.

"네. 얼마 전에 이스라엘에서 군인들한테 총을 맞은 열두 살짜리 팔레스타인 아이가 있었지요. 그 아이는 그저 길을 가고 있었을 뿐인데, 이스라엘 군인이 쏜 총탄을 두 발이나 맞고 바로 병원으로 실려 갔어요. 그 아이는 너무나 많은 피를 흘려서 목숨을 구하기가 어려운

상황이었어요. 그런데 아세요? 그 열두 살짜리 꼬마 아이는 자신의 장기를 이스라엘 아이들한테 기증했어요. 그 아이 덕분에 몸이 아픈 이스라엘 아이들 여섯이 새 생명을 얻었지요. 한 이스라엘 소녀는 팔레스타인 소년의 심장을 옮겨 받았어요. 나는 이 일이 가장 잊혀지지 않아요. 그 열두 살 소년은 온 세상 사람들한테 이루 말할 수 없는 큰 감동을 주었지요."

"우아, 정말 멋진 아이군요. 하느님이 그 아이를 잘 돌봐 주시면 좋겠어요."

아빠는 차를 마시며 하늘을 보았다. 나도 하늘을 보았다. 조금 전만 해도 그렇게 세차게 비가 내리고 우박이 마구 쏟아졌는데, 지금은 비 한 방울 내리지 않았다. 공기는 맑고, 하늘은 더할 나위 없이 높고 아름다웠다.

"아차, 곰!"

"응, 왜 그러냐?"

"유엔은 힘이 세잖아요."

"뭐, 그렇지. 유엔은 192개 나라가 모여서 만든 큰 조직이니까."

"그럼 유엔에는 군대가 없어요? 전쟁이 나면 유엔이 중간에 딱 끼어들어 전쟁을 멈추게 하면 되잖아요. 어때요?"

그러자 곰이 코를 긁적이며 머쓱하다는 듯이 말했다.

"유엔에는 아직 군대가 없어. 앞으로도 없을 것이고."

"왜요? 있으면 참 좋을 텐데……."

곰이 들려주는 유엔 이야기

유엔 조직은 어떻게 이루어져 있을까?

총회

모든 회원국이 참여하는 유엔의 으뜸 기관이에요. 새 회원국 가입, 이사국 선출, 재정 문제와 같은 유엔의 모든 활동을 심사하고 결정하지요. 투표할 일이 생기면 한 나라에서 한 표만 행사할 수 있어요. 총회는 해마다 9월 셋째 화요일에 열리고, 때에 따라 특별 총회 또는 긴급 총회도 열어요.

안전 보장 이사회

유엔의 기구 가운데 가장 중요한 곳으로 국제 평화와 안전 유지를 책임져요. 줄여서 '안보리'라고도 하지요. 유엔의 모든 군사 행동은 안전 보장 이사회의 결의에 따라서만 이루어져요. 유엔이 군사 행동을 할 때 "누가 침략했는가?" 하고 책임을 따지는 것도 안전 보장 이사회가 하는 일이지요. 안전 보장 이사회의 결정은 유엔 총회의 권고 기능보다 더 강력해 회원국 모든 나라에 힘을 미칠 수 있어요.

192개 나라가 참여하는 유엔 총회와는 달리, 안전 보장 이사회는 열다섯 나라만이 참가해요. 2차 세계 대전에서 이긴 나라들을 중심으로 한 상임 이사국 다섯 나라(미국, 영국, 프랑스, 러시아, 중국)가 있고, 대륙별로 골고루 뽑은 비상임 이사국 열 나라가 있어요. 강력한 거부권을 지닌 상임 이사국과는 달리 비상임 이사국은 2년을 임기로 해마다 세 나라씩 새로 뽑아요.

경제 사회 이사회

경제 사회 이사회는 유엔에서 가장 복잡한 기구이자, 가장 많은 예산을 쓰는 기관이에요. 세계에서 일어나는 경제, 사회, 문화, 교육, 보건, 환경과 같은 여러 문제를 다루면서 유엔의 전문 기구 활동을 조율하지요.

지난 1997년 우리나라 경제가 외환 위기를 겪었을 때 자금 지원을 한 국제 통화 기금(IMF), 아프리카 어린이들을 위해 여러 가지 활동을 벌이는 국제 연합 아동 기금(UNICEF)도 경제 사회 이사회에 소속되어 있어요.

국제 사법 재판소

흔히 '세계 법원'이라고 하는 국제 사법 재판소는 국제법에 따라 국제 사회의 분쟁을 해결하는 일을 해요. 임기가 9년인 재판관 열다섯 사람이 있어요. 독립성을 지켜 주려고 유엔 본부에서 떨어진 네덜란드 헤이그에 본부를 두고 있지요. 하지만 재판 결과를 집행할 수 있는 뾰족한 수단이 없어서 그 영향력이 그리 크다고 할 수는 없어요.

곰이 들려주는 유엔 이야기

신탁 통치 이사회
스스로 일어설 힘이 부족한 나라에 유엔이 들어가서, 그 나라를 임시로 관리하고 통치하는 문제를 다루는 기관이에요. 2차 세계 대전이 끝난 뒤 식민지에서 벗어난 나라들을 돕는 구실을 주로 많이 했지요. 1994년 마지막으로 팔라우가 신탁 통치에서 벗어남에 따라서 신탁 통치 이사회는 1994년 11월부터 활동하지 않고 있어요.

사무국
유엔 기관들을 운영하는 데 따른 사무와 행정 업무를 맡아 보는 부서예요. 유엔에서 벌어지는 여러 회의를 준비하거나 진행을 돕기도 하지요. 이곳을 지휘하는 으뜸 책임자가 바로 유엔 사무총장이에요. 유엔 사무국에는 9천 명이 넘는 직원들이 있어요. 본부는 미국 뉴욕에 있고, 이 밖에 스위스 제네바·오스트리아 빈·케냐 나이로비·에티오피아 아디스아바바·태국 방콕·레바논 베이루트·칠레 산티아고 같은 곳에 사무국을 두고 있어요.

유엔 총회는 약소국의 무대?
안전 보장 이사회의 결정은 유엔 총회의 결정보다 훨씬 구속력이 커요. 미국, 영국, 프랑스, 러시아, 중국과 같은 상임 이사국들은 자기들 마음에 들지 않는 회의 결과에는 마음껏 거부권을 행사하지요. 자기들이 손해 볼 결정에는 절대 찬성하지 않아요. 당연히 제3세계 회원국들의 불만이 클 수밖에 없어요.
그런데 유엔 총회는 '1나라 1투표' 원칙이라서 숫자가 많은 약소국들이 똘똘 뭉치면 강대국들의 의견도 확실히 물리칠 수 있어요. 안전 보장 이사회가 강대국의 무대라면, 유엔 총회는 약소국의 무대라고 할 수 있지요.

전문 기구

전문 분야에서 나라들끼리 힘을 더할 목적으로 만든 기구들이에요. 이 가운데에는 신문이나 방송에서 많이 들어 본 이름도 있을 거예요.

- 국제 노동 기구(ILO)
- 유엔 교육 과학 문화 기구(UNESCO)
- 국제 통화 기금(IMF)
- 세계 기상 기구(WMO)
- 세계 보건 기구(WHO)
- 국제 부흥 개발 은행(IBRD)
- 만국 우편 연합(UPU)
- 국제 개발 협회(IDA)
- 국제 금융 공사(IFC)
- 국제 농업 개발 기구(IFAI)
- 국제 민간 항공 기구(ICAO)
- 국제 전기 통신 연합(ITU)
- 국제 해사 기구(IMO)
- 국제 투자 보증 기구(MIGA)
- 국제 투자 분쟁 해결 기구(ICSID)
- 세계 지적 재산권 기구(WIPO)
- 유엔 공업 개발 기구(UNIDO)
- 국제 식량 농업 기구(FAO)

산하 기구와 독립 기구

유엔 총회 또는 이사회에서 설치한 보조 기구들이에요. 회의에서 논의한 결과를 효과 있게 수행하려고 만든 조직들이에요.

- 유엔 아동 기금(UNICEF)
- 유엔 개발 계획(UNDP)
- 유엔 인권 위원회(UNCHR)
- 유엔 인권 최고 대표 사무소(UNHCHR)
- 유엔 난민 최고 대표 사무소(UNHCR)
- 유엔 세계 식량 계획(WFP)
- 유엔 마약 통제 계획(UNDCP)
- 유엔 무역 개발 회의(UNCTAD)
- 유엔 환경 계획(UNEP)
- 유엔 인종 차별 철폐 위원회(UNCERD)
- 평화 유지 활동 관련 기구(PKO)
- 국제 원자력 기구(IAEA)
- 세계 무역 기구(WTO)

세상에서 가장 슬픈 나비 지리

"다각다각……. 다각다각……."

날마다 아침이면 말들이 줄을 지어 큰길을 달린다. 히말라야를 찾아온 관광객을 태우려는 말들이다. 하얀 말, 얼룩무늬 말, 누런 말 들이 주인의 채찍에 시달리며 시내 쪽으로 부지런히 달린다. 그리고 조금 시간이 흐르면 다시 말들이 지나간다. 이번에는 관광객을 등에 태운 채 히말라야 쪽으로 달리고 있다. 선글라스를 낀 관광객들은 말 위에 올라 휘파람을 불거나 손을 흔들고 했다.

곰과 나는 말들이 달리는 길을 지나 시내로 갔다. 곰이 나한테 축구공을 선물하겠다고 나선 것이다. 한 시간을 걸어서 시내에 다다랐다. 오토바이에서 나는 매연 때문에 숨이 턱턱 막혔다. 나는 내가 가장 좋아하는 문방구에 갔다. 그곳은 내가 세상에서 가장 좋아하는 천국이었다.

"우만, 이 공은 어때?"

곰이 물었다. 하지만 나는 다른 장난감에 정신이 팔려 있었다.

"이 로봇 좀 봐요! 팔이 튕겨 나가요. 하하하!"

"아, 이건……!"

갑자기 곰이 주먹만 한 장난감을 들었다. 나비 모양 장난감이었다.

"나쁜 녀석들……. 절대 용서 할 수 없어!"

곰이 부르르 떨며 나지막히 중얼거렸다.

"곰, 무슨 일이에요?"

"아니다. 축구공을 먼저 골라라."

나는 입을 꽉 다문 곰의 얼굴을 보았다. 나는 좀 겁이 났지만 잠자코 벽에 걸린 축구공을 골랐다. 그 공은 아주 질기고

튼튼해서 오래오래 찰 수 있다고 주인 아저씨는 싱글벙글 웃으며 말했다. 곰은 아무 말 없이 값을 치르고, 우리는 밖으로 나왔다.
"곰, 화났어요?"
"아니."
"내가 비싼 축구공을 골라서 화가 난 거죠? 그렇죠?"
"아니야······."
곰은 크게 한숨을 내쉬며 천천히 걸었다. 나는 방금 산 축구공을 품에 안고 곰을 쫄래쫄래 따라갔다. 돌아가는 길은 조용했다. 차 소리도, 말 소리도 없었다. 뜨거운 햇살만이 우리 목덜미를 까맣게 태울 뿐이었다.

"우만, 넌 그래도 행복한 거야."

"그래요?"

"그래. 아프카니스탄에 갔을 때였다. 그때 나비 지뢰를 보았지."

"나비 지뢰요? 그게 뭐예요?"

"지뢰가 뭔지 알아?"

"폭탄 같은 거요?"

"그래. 폭탄이다. 헬리콥터를 탄 군인들이 하늘에서 뿌려 대는 폭탄이지. 하늘에서 팔랑팔랑 떨어지는 폭탄인데, 양쪽 옆에 나비처럼 날개가 붙어 있어. 그래서 헬리콥터에서 뿌리면 온 사방에 나비처럼 팔랑팔랑 퍼져 나가지."

"으악! 그거 맞으면 죽어요?"

"음……. 아니. 나비 지뢰는 바로 터지는 게 아니야. 짓밟아도 안 터지는 것들도 있어. 폭발하려면 시간이 좀 걸리는데, 자꾸 만지작거리고 날개를 누르면 작동하게 되어 있단다. 마치 장난감처럼 생겼어. 아까 가게에서 본 나비 장난감처럼. 아프카니스탄 아이들은 그게 지뢰인 줄도 모르고 가지고 놀지. 그러다가 '펑' 하고 터지면 그대로 크게 다치고 만단다. 나는 나비 지뢰 때문에 두 팔이 잘리고, 눈을 잃고, 목숨을 잃는 아이들을 정말 많이 보았단다."

"전쟁은 정말 무서워요."

"그래. 전쟁은 우리가 가진 모든 것을 빼앗아간다. 집과 학교, 물과 먹을거리, 친구와 웃음 그리고 우리의 앞날……. 그 모든 걸 송두리째 뺏아간단다. 더욱 치가 떨리는 건 군대를 이용해서 돈을 버는 사람들이야. 똑똑하다고 소문난 과학자들 가운데는 전쟁을 막으려고 열심히 연구하는 사람도 있지만, 어떤 과학자들은 아이들을 죽이는 그런 나비 지뢰를 만들어 내기도 하지. 전쟁이 나면 군인들이 가장 많이 죽을 것 같지? 하지만 그렇지 않아."

"예? 전쟁은 군인들이 하는 거 아니에요?"

"전쟁이 나면 가장 많은 피해를 당하는 사람이 바로 어린이와 여자 그리고 노인들이야. 총탄에 쓰러져 간 군인들보다는 폭탄이나 지뢰 때문에 죽는 보통 사람들이 셀 수 없이 많단다. 그러고 보면 이 세상이 그렇게 아름다운 것만은 아니지."

　곰은 이렇게 말하면서 목에 있는 땀을 닦았다. 나는 곰이 하는 얘기가 너무 어려웠지만 전쟁은 아주아주 무섭고, 장난감 같은 폭탄도 있다는 것을 처음 알았다. 장난감 폭탄을 만드는 사람들은 도대체 무슨 생각을 했을까? 그 사람들은 어쩌면 지옥에서 온 악마일지도 모른다는 생각이 들었다. 집으로 돌아가는 길에 다시 말들이 지나갔다.

　"다각다각……. 다각다각……."

　그러자 곰이 말을 탄 주인한테 버럭 소리쳤다.

　"어이, 이봐! 말들한테 밥 좀 주라고!"

곰이 들려주는 유엔 이야기

세계의 화약고, 팔레스타인 분쟁

팔레스타인 문제는 오랫동안 유엔의 주요 관심 대상이었어요. 독립 국가를 세우려고 하는 팔레스타인과 이를 막으려는 이스라엘은 그동안 참 많은 피를 흘려 가며 서로 싸웠지요. 이스라엘은 팔레스타인 자치 지역을 공격하고, 팔레스타인 사람들은 시위나 자살 테러와 같은 방법으로 이스라엘에 맞섰어요.

오늘날 이스라엘과 팔레스타인 분쟁은 두 민족만의 문제를 넘어섰다고 볼 수 있어요. 가까운 중동 나라들은 물론 유럽이나 미국까지도 이 문제에 영향을 받고 있지요. 유엔 사무국은 '팔레스타인, 탈 식민지와 인권팀'이라는 전담 부서를 둘 만큼 팔레스타인 문제를 평화롭게 해결하려고 애쓰고 있어요. 유엔 사무총장이 몸소 팔레스타인을 방문하거나 특사를 파견해서 이 분쟁을 풀어 나가려 하고 있지요.

전쟁과 평화

팔레스타인 분쟁 말고도 오늘날 세계 곳곳에서는 전쟁과 내전, 분쟁이 끊이질 않고 있어요. 2009년 한 해에만도 열다섯 차례 전투가 벌어져 천 명이 넘는 사상자가 생겨났지요. 오늘날 세계 곳곳에 남아 있는 전쟁의 불씨는 어디어디에 있을까요?

❶ **티베트족 독립 운동** 티베트가 중국한테서 독립하길 바라면서 갈등이 생겼어요.
❷ **시크교도 독립 운동** 인도 북서부 펀잡 주 지방의 시크교도들은 19세기 중반 영국과 벌인 전쟁에서 지고 인도에 편입된 뒤부터 독립을 바라고 있어요.
❸ **타밀인 독립 운동** 스리랑카의 주요 민족인 싱할리족과 타밀족의 대립이 끊이지 않고 있어요.
❹ **쿠르드족 문제** 터키, 이라크, 이란 지역에 사는 종족으로 자치 정부를 세우려고 무력 항쟁을 하였으나 진압당하고 말았지요.
❺ **북아일랜드 분쟁** 북아일랜드의 독립을 주장하는 소수파인 구교도와 신교도 사이에 대립이 일어났어요.
❻ **바스크 독립 운동** 에스파냐 피레네 산맥의 바스크족이 독립을 바라고 있어요.
❼ **구 유고슬라비아 분쟁** 세르비아계 주민과 이슬람교도 사이에 민족·종교 분쟁이 나타났어요.
❽ **구 소련 문제** 사회주의의 체제가 무너진 뒤 여러 민족이 연방에서 벗어나 독립을 했어요. 아직 독립하지 못한 민족간의 갈등이 심각한데, 이슬람교 나라들의 독립 움직임이 두드러져요.
❾ **소말리아 분쟁** 소말리아가 이웃한 이디오피아와 케냐의 소말리족 거주지까지 자기 나라 땅으로 만들려고 하면서 생긴 분쟁이에요.
❿ **남아프리카공화국 인종 차별** 인종 격리 정책(아파르트헤이트) 때문에 분쟁이 생겼어요.
⓫ **퀘벡주 독립 운동** 프랑스계 사람들이 주로 사는 캐나다 퀘벡주가 캐나다 연방에서 분리를 바라고 있어요.
⓬ **멕시코 내전** 멕시코의 독재 정부에 대항해서 오랫동안 내전이 벌어지고 있어요. 요즘은 사파티스타 민족 해방군이 절대 빈곤층을 이끌고 싸우고 있지요.
⓭ **한반도 문제** 1950년 한국전쟁으로 갈라진 남한과 북한이 60년 가까이 휴전 상태로 맞서고 있어요.

유엔 지뢰 제거 운동

지뢰는 사람의 목숨을 단숨에 빼앗는 무시무시한 폭발 무기예요. 지뢰는 금세 터지는 것도 있지만, 일 년 뒤, 심지어 수 십년 뒤에 터지는 것도 있지요.
유엔은 '지뢰 제거 계획'을 세워 지뢰를 꾸준히 없애고 지뢰 피해자를 찾아 돕고 있어요. 세계 보건 기구(WHO)와 유엔 아동 기금(UNICEF) 같은 유엔 기구들이 지뢰 피해자들의 치료와 재활을 돕고 있지요.

곰이 들려준 이크발 이야기

"야옹....... 야옹......."

고양이가 밖에서 울어 대고 있었다. 눈을 뜨니 벌써 해가 뜬 지 오래였다. 아직 잠이 덜 깼지만 이만 일어나야 했다. 나는 부엌으로 가서 길어다 놓은 물을 한 모금 떠 마셨다. 아빠는 방에 안 계셨다. 어제 안 들어오신 모양이다.

"아차! 버팔로 밥 줘야지."

나는 부랴부랴 이웃집으로 갔다.

"우만, 오늘은 푸자가 버팔로를 데리고 나갔다."

이웃집 아줌마가 말했다. 나는 푸자 누나가 호수로 갔을 거라고 생각했다. 급할 건 없었다. 오늘은 일요일이고, 학교에 안 가도 되니

까. 또 푸자 누나는 한 번도 날 혼내거나 화를 낸 적이 없는 착한 사람이니까.

나는 축구공을 들고 호숫가로 갔다. 삼십 분쯤 달려 내려가니 푸자 누나가 보였다. 누나 옆에서는 버팔로들이 무리 지어 풀을 뜯고 있었다.

"누나!"

"어, 우만! 왔어?"

푸자 누나가 손을 흔들었다.

"고마워요. 누나……."

"아니야."

푸자 누나는 밥은 먹었냐, 숙제는 다했냐며 엄마처럼 챙겨 주었다. 사실 이렇게 챙겨야 할 사람은 나인데……. 푸자 누나는 어릴 때부터 짐을 나르는 포터 일을 하다가 오른쪽 다리를 다쳤다. 그래서 쩔뚝쩔뚝 걸었지만 다행히도 마을 사람들은 누나한테 친절했고, 누나도 언제나 마을 사람들을 상냥하게 대했다.

"누나, 나 잠깐 친구들이랑 축구해도 되죠?"

"그래, 놀다 와. 나는 여기 있을게."

나는 축구공을 들고 호숫가에서 노는 친구들한테 뛰어갔다. 우리는 아침 햇살 아래에서 축구를 했다. 벼 베기가 끝난 들판은 울퉁불퉁했지만 넓고 차들이 안 지나다녀 축구하기에 딱 좋았다. 축구를 하다 신발이 자꾸 벗겨져도 괜찮았다. 우리 반 친구 슈리제는 슬리퍼만 신고도 공을 뻥뻥 잘 찼으니까!

한참 놀다 호수를 보니 버팔로들이 안 보였다. 어떻게 된 일이지? 나는 슬며시 걱정이 되어 두리번두리번 버팔로와 푸자 누나를 찾았다.

"앗! 곰이다!"

푸자 누나는 들판 끝 호숫가에 곰과 함께 앉아 있었다. 곰은 긴 낚싯대를 들고 있었다.

"애들아, 좀 이따가 올게. 축구하고 있어."

"갔다 와, 우만!"

나는 부랴부랴 곰한테 달려갔다. 곰은 챙이 긴 모자를 쓰고, 물끄러미 호수를 바라보고 있었다. 나는 곰 옆에 털썩 주저앉았다. 두 시간 내내 축구를 하느라 뛰었더니 배가 출출했다. 하지만 집으로 돌아가 밥을 먹기는 귀찮았다.

"이거 먹어 봐."

곰이 건넨 것은 납작하게 만든 빵이었다.

"고마워요."
"그런데 얘, 너는 왜 다리를 다쳤지?"
낚시를 하던 곰이 푸자한테 물었다. 푸자 누나는 입술을 꼭 깨물고 아무 말도 안 했다.
"산에서 굴렀어요."
나는 우물우물 빵을 씹으면서 푸자 누나 대신 곰한테 대답했다.
"산에서 굴러? 왜?"
"누나는 포터 일을 했어요. 짐이 무거워서 굴러떨어졌어요."
내 말에 곰의 눈이 갑자기 휘둥그레졌다. 곰은 푸자 누나가 포터였다는 사실이 믿기기 않는 듯 한동안 눈만 껌뻑껌뻑거렸다.
"푸자야, 너 몇 살이지?"
"올해 열여섯 살이에요."
"다리는 언제 다쳤어?"
"열네 살 때요."
푸자 누나가 개미만 한 목소리로 대답했다. 그러자 곰은 모자를 획 벗더니 머리를 벅벅 긁었다. 그러고는 한숨을 크게 쉬며 말했다.
"히말라야가 있는 이곳은 정말 아름다워. 하지만 사람들의 삶은 너무나 힘들구나."
"예. 포터 일은 정말 힘들었어요."
푸자 누나는 열네 살 때부터 포터 일을 했다고 했다. 히말라야를 오르는 등산객들을 위해 짐을 나르는 포터 일은 정말정말 고되다고 했다. 여자들은 보통 30~40킬로그램 가방을 메고, 남자들은 40~50킬로그램 가방을 멨다. 더 많이 들면, 더 많이 돈을 받을 수 있었다. 그 무거운 짐을 들고 하루에 여덟 시간, 쉬지도 않고 꼬박 산을 올라가려면 지옥이 따로 없다고 했다. 운동화도 없어서 슬리퍼를 신고 오르는데, 돌멩이에 까여 발톱은 깨지고 빠지고, 발바닥은 쩍쩍 갈라졌다. 가방이 무거워 끈을 대고 이마에 짐을 걸치는데, 그렇게 지고 한 시간만 걸어도 온몸의 뼈와 근육들이 삐걱대며 비명을 지른다고 했다. 무거운 짐을 지고 산을 오르려면 땅만 봐야 하는데, 그러다 보니 아름다운 히말라야 풍경을 즐기기는커녕 잠깐 물 마실 시간만 생겨도 신에게 감사했다고 한다. 짐을 나르는 포터 일은 '피를 뽑아 사발에 담아 바친다.'는 말이 있을 만큼 고되다고 했다. 푸자 누나의 말을

들으니, 나는 가슴이 찡하고 쓰라렸다. 당나귀처럼 무거운 짐을 들고 그 돌투성이 험한 산을 오르던 푸자 누나…….

"다른 나라는 어때요?"

나는 곰한테 물었다.

"유엔에서는 열다섯 살까지 아이들을 모두 어린이라고 해서 노동을 해서는 안 된다고 정해 놓았어. 적어도 열다섯 살까지는 어린이답게 먹고, 입고, 자고, 배우고, 행복하게 뛰어놀 수 있는 권리가 있다고

여기지. 그래서 국제 노동 기구 아이엘오(ILO)를 만들어 온 세계 어린이들이 행복하게 지낼 수 있게 유엔이 애쓰고 있단다. 독일, 스웨덴, 네덜란드, 미국, 호주, 뉴질랜드 같은 나라에서는 법으로 어린이가 일을 할 수 없게 정해 두고 있기도 해. 어린이는 배우는 게 먼저이고, 일은 어른이 되어서도 할 수 있다고 믿으니까. 하지만 아직도 이 세상의 많은 어린아이들이 고된 노동을 하고 있단다. 사실 우만도 이웃집 버팔로 돌보는 일을 하지?"

"네."

"그래, 나도 유엔에서 일을 하면서 세계 여러 나라의 어린이 노동을 조사했단다. 한번은 다섯 살밖에 안 된 아이가 피 흘리며 열두 시간씩 노동하는 것을 보기도 했지."

곰이 크게 한숨을 내쉬었다.

"세상에! 다섯 살 아이가 무슨 일을 피까지 흘려 가며 열두 시간씩이나 해요?"

푸자 누나도 깜짝 놀라 물었다. 나도 궁금했다.

"곰, 말해 줘요. 무슨 일을 하냐고요."

"양탄자 짜는 일이야. 십 년 전 파키스탄에 갔을 때, 그런 아이들을 보고 정말 큰 충격을 받았지."

"양탄자 짜는 일이 그렇게 어려워요?"

나는 농사일을 쉬는 겨울이면 베틀로 목도리를 짜다 시장에 내다

팔던 우리 할머니를 떠올렸다. 하지만 나는 우리 할머니가 한 번도 피를 흘리며 일을 하는 것을 본 적이 없었다. 양탄자 짜는 일은 도대체 어떤 일이기에…….

"우만, 으뜸 양탄자는 정말 좋은 실로 아주 작은 부분까지 꼼꼼하게 만들어야 한단다. 그래서 어른보다는 손이 작은 어린아이들을 많이 쓰지. 어린이는 어른보다 돈을 적게 줘도 되기 때문에 더 마음껏 부려 먹을 수도 있어. 양탄자 하나를 짜려고 아이들은 빛도 안 들어오고 공기도 안 통하는 더러운 방에 다닥다닥 붙어 앉아 일을 한단다. 쉬는 시간도 없고, 사고로 베틀에 손가락을 다치면 양탄자에 붉은 피가 묻을까 봐 상처가 난 곳에 뜨거운 기름까지 부어 대지. 아주 야만스러운 일이야. 또 몸이 아프거나 다른 아이들보다 늦으면 죽도록 맞거나 골방에 갇혀 있어야 했어."

"그럼 도망치면 되잖아요."

나는 화가 나서 큰 소리로 물었다.

"그게 그렇게 쉽지만은 않아. 양탄자 공장 주인들은 아이들 발을 묶어 두거나 도망치면 죽인다고 협박까지 한단다. 게다가 부모 손에 팔려 온 아이들이 많기 때문에, 도망치면 부모가 죽을 때까지 빚을 갚아야 하는 형편이었어. 그런데 이렇게 힘든 상황에서 양탄자 어린이 노동자의 고통을 세계에 널리 알린 아이가 있었단다."

"우아, 누군데요?"

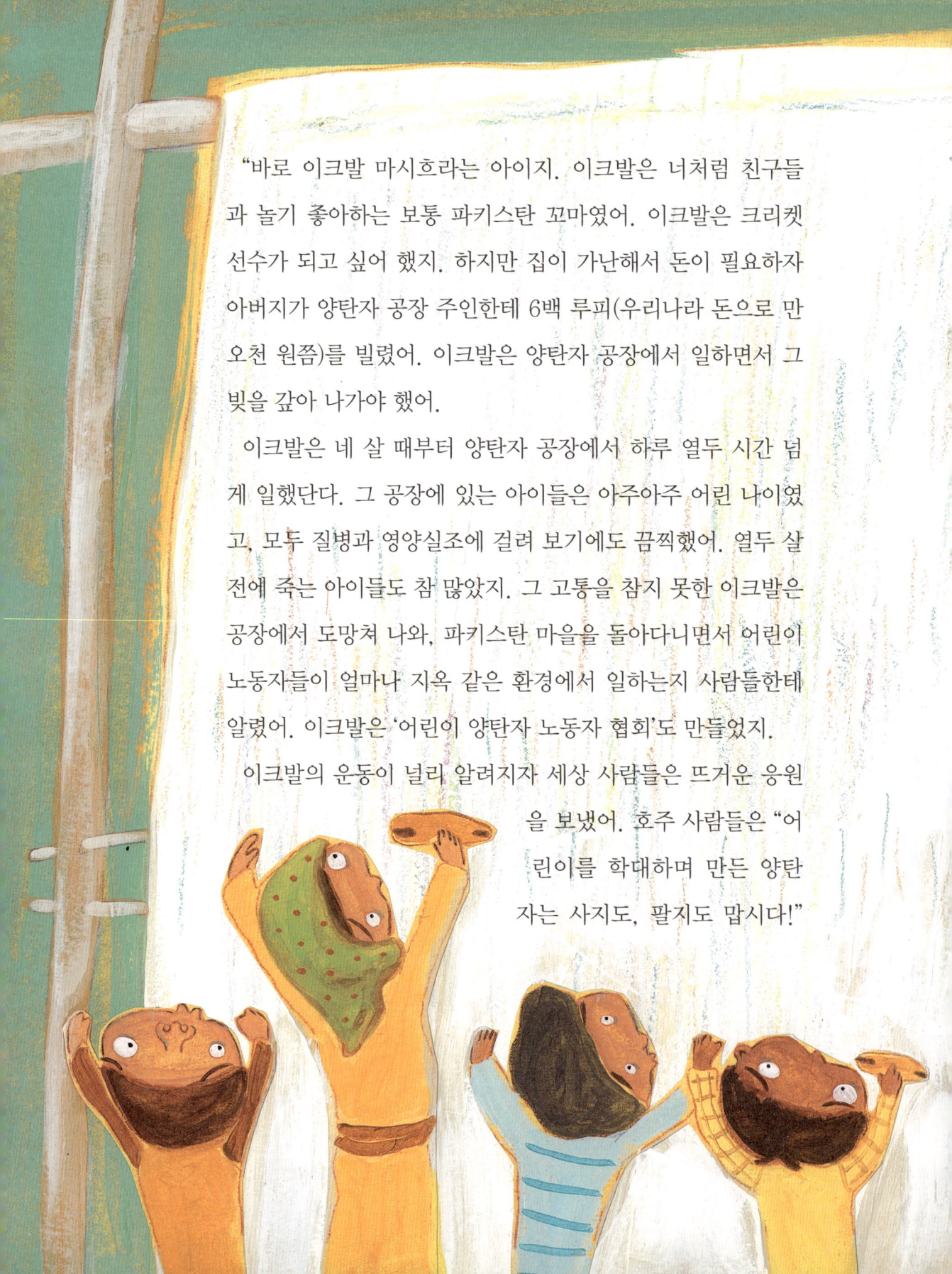

"바로 이크발 마시흐라는 아이지. 이크발은 너처럼 친구들과 놀기 좋아하는 보통 파키스탄 꼬마였어. 이크발은 크리켓 선수가 되고 싶어 했지. 하지만 집이 가난해서 돈이 필요하자 아버지가 양탄자 공장 주인한테 6백 루피(우리나라 돈으로 만 오천 원쯤)를 빌렸어. 이크발은 양탄자 공장에서 일하면서 그 빚을 갚아 나가야 했어.

이크발은 네 살 때부터 양탄자 공장에서 하루 열두 시간 넘게 일했단다. 그 공장에 있는 아이들은 아주아주 어린 나이였고, 모두 질병과 영양실조에 걸려 보기에도 끔찍했어. 열두 살 전에 죽는 아이들도 참 많았지. 그 고통을 참지 못한 이크발은 공장에서 도망쳐 나와, 파키스탄 마을을 돌아다니면서 어린이 노동자들이 얼마나 지옥 같은 환경에서 일하는지 사람들한테 알렸어. 이크발은 '어린이 양탄자 노동자 협회'도 만들었지.

이크발의 운동이 널리 알려지자 세상 사람들은 뜨거운 응원을 보냈어. 호주 사람들은 "어린이를 학대하며 만든 양탄자는 사지도, 팔지도 맙시다!"

하며 양탄자 안 사기 운동을 벌였어. 이 운동에 참 많은 사람들이 함께했어. 그러자 양탄자 회사 주인들은 이크발을 찾아내려고 눈알을 부라렸지. 이크발은 아주아주 위험한 처지였지만, 어린이 노동자를 위해 꿋꿋이 싸웠단다.

하지만 어느 날, 이크발은 끝내 자전거를 타고 가다가 총에 맞아 죽고 말았어. 겨우 열두 살 나이에 말이야. 나는 파키스탄으로 가서 이크발의 장례식에 참석했어. 그때 그곳엔 거친 분노와 슬픔에 찬 함성 소리뿐이었어. 거리에는 공장에서 뛰쳐나온 많은 어린이 노동자들로 가득했어. 우만, 너보다 훨씬 어린 아이들이었어. 보기만 해도 가슴이 아플 만큼 삐쩍 마르고 지친 아이들이었지."

곰이 이렇게 말하며 낚싯대를 접었다. 해가 너무나 뜨거웠고, 우리는 배가 고팠기 때문이다. 곰이 천천히 일어나 바지를 툭툭 털었다. 푸자 누나도 일어나 기지개를 켰다. 나는 나무 그늘 아래 앉아 풀을 질겅질겅 씹고 있는 버팔로를 보았다.
모든 것이 평화로워 보였다. 하지만 세상 어디에선가 나보다 나이 어린 아이들이

피를 흘리며 일을 하고 있다고 생각하니 속이 울렁거렸다.

"우만, 월드컵 좋아하지?"

"네, 그럼요! 월드컵은 세계 으뜸 잔치잖아요?"

"하하. 앞으로 월드컵이 더 나아졌으면 좋겠다. 그런데 알고 있어? 월드컵 때 쓰는 축구공은 대개 어린이가 바늘로 꿰매서 만든 거야. 파키스탄 북쪽 마호트라라는 마을에는 수천 명의 아이들이 모여 축구공을 꿰맨단다. 너보다 훨씬 작은 아이들이 모여 공장에서 꼼짝도 못하고 축구공을 꿰매고 있지. 공 하나를 만드는 데 꼬박 하루, 겨우 8백 원의 돈을 받고 손가락이 뚫어져라 일하고 있단다. 그래서 요즘엔 어린이 노동으로 만든 축구공은 사지 말자는 운동이 벌어지고 있지. 그러니 앞으로는 좀 나아지지 않을까?"

곰의 말에 나는 깜짝 놀랐다. 곰이 사 준 내 보물 1호 축구공도 혹시 저기 먼 나라의 어린이가 손가락이 짓무를 때까지 꿰매서 만든 것이 아닌가, 하는 걱정이 들었다. 곰은 이런 나의 마음을 읽었는지 껄껄 웃으며 내 어깨를 감쌌다.

"우만, 걱정 마. 네 축구공은 공장에서 찍어 낸 것이니까. 하하하."

"정말요?"

"그래. 축구공에 '수제품'이라고 표시를 한 비싼 공들이 있어. 이것은 사실 어린이가 고사리 같은 손으로 만들었다는 것을 뜻해. 어린이들은 아주 적은 돈을 받고 고된 일을 하지만, 회사는 비싼 값에 팔아 큰돈을 벌지."

"그건 공평하지 않아요."

"그래, 유엔은 이런 공평하지 않은 일에 반대하고 있단다. 우만, 너도 지금은 열심히 배우고 커서는 좋은 일을 해라. 세상이 온통 밝아질 만한 멋진 일 말이야."

이 말을 듣고 있던 푸자 누나가 손으로 입을 가리며 '풋' 하고 웃었다.

"우만은 이름난 축구 선수가 된대요!"

"정말?"

곰이 깜짝 놀라 나를 보았다.

"왜요? 안 어울려요?"

나는 입을 비쭉 내밀며 곰을 올려다보았다. 곰은 머리를 긁적이며 내 눈을 물끄러미 바라보았다.

"아니, 딱이다."

"정말요?"

"하하. 나는 네가 드로그바 같은 축구 선수가 되면 좋겠다, 우만."

"드로그바가 누구예요?"

곰한테 물었다. 그러자 곰이 내 어깨에 손을 턱 올려놓으며 말했다.
"아주 멋진 축구 선수지. 점심을 먹으면서 얘기해 주마. 우리 집으로 갈까?"

나는 신이 나서 펄쩍 뛰어올라 곰의 어깨에 매달렸다. 뒤에서는 푸자 누나가 활짝 웃으며 절뚝절뚝 따라오고 있었다.

곰이 들려주는 유엔 이야기

어린이 노동을 보호하는 유엔

유엔 아동 권리 협약

어린이는 손도 작고, 키도 작고, 힘도 없고, 아직 무럭무럭 자라나야 하는 새싹이에요. 하지만 이렇게 힘이 없다는 까닭으로 어린이를 학대하거나 착취하는 사람들이 세상에는 참 많았어요. 그러다 마침내 1989년 11월 20일에 열린 유엔 총회에서는 어린이의 자유와 평화, 생존과 안전을 지켜 주려는 뜻으로 '유엔 아동 권리 협약'을 만들어 이 약속을 지켜 나가기로 했어요.

오늘날 유엔 아동 권리 협약은 세계 193개 나라의 비준을 받아 세계에서 가장 많은 나라의 비준을 받은 국제법이 되었어요. 전문과 54개 조항으로 되어 있는 이 협약에서 어린이들의 권리 내용은 주로 1~40조 사이에 담겨 있어요. 그 내용은 크게 다음과 같아요.

> **생존의 권리** 사람다운 생활 수준을 누릴 권리, 안전한 집에서 살아갈 권리, 충분한 영양을 섭취하고 보건 서비스를 받을 권리와 같이 삶을 누리는데 필요한 기본 권리예요.
> **보호의 권리** 모든 형태의 학대와 방임, 차별, 폭력, 고문, 징집, 부당한 형사 처벌, 지나친 노동, 약물이나 성폭력과 같이 어린이한테 위험한 모든 것들로부터 보호받을 권리예요.
> **발달의 권리** 잠재 능력을 마음껏 펼치는 데 필요한 권리예요. 교육을 받고, 여가를 즐기고, 문화 생활을 하고, 정보를 얻고, 생각과 양심과 종교의 자유를 누릴 권리가 여기에 속해요.
> **참여의 권리** 자신의 나라와 지역 사회 활동에 참가할 수 있는 권리예요. 자신의 의견을 표현하고, 자신의 삶에 영향을 주는 문제들에 발언권을 지니며, 단체에 가입하거나 평화로운 집회에 참여할 수 있는 자유를 뜻해요.

유엔 아동 권리 협약은 어린이가 몸과 마음이 튼튼한 어른으로 자라는 데 필요한 모든 권리를 담은 국제법이에요. 이 협약은 어린이를 '보호의 대상'이 아닌 '권리의 주체'로 인정했다는 점에서 커다란 뜻을 지니고 있어요. 더 자세한 내용은 128쪽을 참고하세요.

어린이 노동을 보호하는 국제 노동 기구

유엔의 전문 기구 가운데 하나인 국제 노동 기구(ILO)는 2002년 총회 보고서에서 세계에 2억 4600만 명의 어린이 노동자들이 있다고 밝혔어요. 5~17세 어린이 노동자들은 세계 어린이 여섯 가운데 하나 꼴인 셈이지요. 이 가운데 1억 1천만 명의 어린이가 국제 기준으로 노동을 시켜서는 안 되는 만 15세 미만이에요. 이 아이들은 부모가 진 빚 때문에 팔려가서 강제 노동과 매춘 산업, 마약 거래와 같은 어른이 하기에도 끔찍한 노동에 시달리기도 해요.

안타깝게도 어린이 노동자가 가장 많은 대륙은 아시아예요. 인도 1400만, 방글라데시 430만, 파키스탄 300만 명을 비롯해 아시아 어린이 노동자는 세계 어린이 노동자 수의 60퍼센트쯤에 달해요.

드로그바와 산수

"이해했어?"

"아직……."

"우만, 잘 들어. 내가 차근차근 풀이해 줄게. 이게 세 자리 수야. 알지?"

"네……."

"좋아. 지난해 마을에 커피나무 222그루를 심었어. 올해는 20그루를 더 심었다고 해."

"그런데요?"

"좋아, 그럼 올해 마을에서 심은 커피나무는 몇 그루일까?"

"그게……, 저……."

"우만, 하나도 안 어려워. 이것은 커피나무를 더하면 되는 거야. 세 자리 수와 두 자리 수를 더할 때는……."

언제부터인지 곰이 나한테 산수를 가르치기 시작했다. 나와 같이 있을 때마다 산수, 산수, 노래를 불렀다. 왜 산수일까?

산수는 내가 아주아주 싫어하는 과목이다. 양이 열한 마리 있는데 두 마리를 더하면 몇 마리냐? 사과가 아홉 개 있는데 두 개를 빼면 몇 개가 남느냐 하는 문제에는 아무 관심도 없다. 나는 양보다는 염소 고기를 좋아하고, 사과보다는 망고가 더 좋기 때문이다. 하지만 곰은 이런 내 마음도 모르고 요즘 나만 보면 산수 책을 가져오라고 귀찮게 굴었다.

오늘도 곰은 해가 질 무렵 우리 집에 찾아왔다. 곰은 아빠한테 인사를 하며 바나나가 든 봉지를 나한테 건넸다. 아빠는 천천히 일어나 윗도리를 걸쳐 입었다. 또 밖에 나가시려나 보다.

"그럼, 고생해요."

아빠의 말에 곰이 빙그레 웃었다.

"슈렌드라, 당신은 곧 술을 끊어야 할 거요."

"그러지 말아요. 끊고 싶으면 알아서 끊을 겁니다."

아빠도 지지 않고 말했다.

"아니, 곧 끊어야 하는 날이 올 거요."

"히말라야 눈이 몽땅 녹는다면 그렇게 되겠지요."

"하하하, 슈렌드라. 당신은 정말 아까운 사람이오."

"나중에 봅시다, 곰."

아빠는 신발을 신고 천천히 마당을 빠져나갔다. 나는 아빠한테 살려 달라는 눈빛을 보냈지만 아빠는 그저 빙글빙글 웃을 뿐이었다. 해가 지자 개구리 울음소리가 더 커졌다. 곰이 내 소매를 툭툭 잡아당겼다.

"집중해, 우만. 여기 산수 문제를 풀라고."

"아, 곰. 내일 하면 안 돼요?"

그러자 곰은 한숨을 푹 쉬며 팔짱을 낀 채로 물었다.

"우만. 너도 알지? 이 동네에 단돈 1루피가 없어서 학교 못 가는 아이들이 많다는 것을?"

"예……. 알아요."

"단돈 1루피가 없어서 굶는 아이들도 있는 거 알지?"

"네……. 그게 산수랑 무슨 상관이에요?"

"우만, 리뚜를 기억하지? 너의 그 순한 버팔로 말이야."

"아! 리뚜!"

"그래, 네 아버지는 리뚜를 팔아 학비를 마련했다. 그런데 더하기 빼기조차 쩔쩔매서야 앞으로 어떻게 너 혼자 힘으로 살려고 해? 사람이 살면서 가장 중요한 것은 밥이야. 그 다음엔 아마도 배움이나 자유 아닐까? 너는 큰 부자는 아니지만 밥도 있고, 배울 수도 있고, 자유도 있어. 그러니 하나라도 배울 수 있을 때 열심히 배워서 남을 줘라. 너도 돕고 다른 사람들도 도울 수 있는 사람이 되라는 말이야. 알겠어?"

어쩐 일인지 곰이 심각하게 말했다. 나는 그런 곰을 멀뚱멀뚱 바라만 보았다. 그리고 침을 꿀꺽 삼키고 용기를 내서 말했다.

"곰! 나는 축구 선수가 될 거예요!"

"뭐, 뭐라고?"

"나는 축구 선수가 될 거라고요!"

"하하하! 축구 선수도 배워야 하고, 축구 선수도 알아야 한다."

곰은 이렇게 말하면서 아프리카의 축구 선수 디디에 드로그바 이야기를 들려주었다.

"코트디부아르란 나라 들어 봤어? 아프리카에 있는 이름도 잘 알려지지 않은 나라에서 태어난 축구 천재가 바로 드로그바야. 드로그바

가 유럽에서 축구 선수로 이름을 높이고 있을 때, 그의 조국 코트디부아르는 내전을 치르고 있었단다. 코코아 농장의 돈을 둘러싸고 군인들이 서로 총을 겨누고, 수많은 시체들이 산처럼 쌓여 갔지. 누구도 그 끔찍한 내전을 막을 수 없었어. 심지어 유엔조차도 어찌할 수 없는 형편이었어.

이때, 드로그바는 축구 기자들과 인터뷰를 하다가 갑자기 무릎을 꿇고 "축구가 열리는 단 며칠만이라도 전쟁을 멈춰 주세요." 하고 간절히 빌었단다. 그러자 기적이 일어났어. 코코아 농장을 둘러싼 군인들이 총을 내려 놓고 축구를 본 것이지. 그리고 얼마 뒤, 이 나라에서 내전이 멈추었단다. 코트디부아르에 평화가 돌아온 거야.

이제 사람들은 드로그바를 코트디부아르의 영웅이자 아프리카의 영웅으로 떠받들고 있어. 어떤 사람들은 그를 '검은 예수'라고 하지. 드로그바는 지금도 가난과 질병으로 죽어 가는 아프리카 사람들을 위해 자기가 번 돈을 거의 다 기부하고 있어. 축구도 귀신같이 잘하는 사람이지만, 자신이 힘들게 배운 것을 다른 사람을 위해 쓸 줄 아는 지혜로운 사람이란다. 그러니 너도 공부도 열심히 하고, 축구도 열심히 해. 알겠냐, 우만?"

　나는 한 번도 드로그바를 본 적이 없었지만 곰의 말을 듣고 있으니 꼭 보고 싶다는 생각이 들었다. 그리고 갑자기 아프리카에도 가 보고 싶었다. 아프리카에는 코끼리, 치타, 사자 같은 신기한 동물이 많다는데…….

"곰, 아프리카는 어때요?"

"아프리카라……. 아프리카는 정말 가슴 아픈 땅이란다. 아프리카에서는 다섯 살이 채 안 된 아이들 열에 넷쯤이 굶주림과 영양실조에 시달리고 있지. 배가 고파서 그대로 쓰러져 죽는 아이들도 많아. 아프리카 사람들의 평균 나이가 얼마나 되는 줄 알아? 놀랍게도 스무 살이 안 돼. 게다가 이 세상 에이즈 환자의 60퍼센트 이상이 아프리카에 있단다. 가난과 질병이 아프리카를 짓누르고 있지. 유엔 식량 농업 기구나 세계 보건 기구와 같은 곳에서 아프리카 문제에 많은 관심을 기울이고 있어."

나는 입을 꾹 닫고 곰의 말을 듣고만 있었다.

"우만, 이거 알아? 지금도 50초마다 아이들이 굶어서 쓰러져 가고 있어. 믿기 힘들지? 우리가 이런 이야기를 나누고 잠을 자는 사이에도 아이들이 하나씩 굶다 지쳐 쓰러지고 있는 거야. 더 안타까운 것은 비타민 에이(A)야. 이것은 아주아주 싼 약인데, 이게 없어서 3분마다 아이들이 하나씩 눈이 멀고 있단다. 아주 조금만 잘 먹어도 아이들 눈이 멀지 않을 텐데 말이야."

곰이 내 머리를 쓰다듬었다. 나는 곰의 이야기가 너무나 길어서, 그러면 안 될 것 같은데도 자꾸 눈꺼풀이 감겼다. 나는 크게 하품을 하면서 곰한테 말했다.

"곰, 그 퍼센트라는 말이 뭐예요?"

"그게 바로 산수를 알아야 알 수 있는 거다."

"아하!"

"이제부터라도 산수를 열심히 할래?"

"아, 네. 그런데 졸려요."

그건 진짜였다. 눈꺼풀이 너무도 무거워서 눈을 뜰 수 없었다. 나는 두 눈을 똑바로 뜨고 정신을 차리려 했지만 그대로 고꾸라져 잠들고 말았다.

그날 밤 꿈속에서 곰은 아프리카에 있었다. 곰은 조그만 아이들한테 동그란 알약을 나눠 주고 있었다.

"아, 저게 비타민이구나."

나는 꿈을 꾸며 중얼거렸다. 비타민은 노란 보석처럼 예쁘게 반짝반짝 빛이 났다.

곰이 들려주는 유엔 이야기

아프리카의 내일을 돕는 유엔

평균 나이가 스무 살이 안 된다고?

아프리카는 아직 사람들의 평균 나이가 스무 살이 채 안 되는 곳이에요. 오직 18퍼센트의 여성들만이 임신을 조절하기 때문에 인구 증가율은 매우 높지만 오래 사는 사람은 매우 적다는 얘기지요. 다섯 살 이하 어린이들의 40퍼센트가 영양실조에 시달리고 있기도 해요.

아프리카는 분쟁이나 충돌도 매우 잦아요. 농사지을 땅이 망가지고, 난민은 늘어나고, 식량은 점점 더 줄어들지요. 그러다 보니 개발이나 투자도 꽉 막혀 있어요. 가파른 인구 증가와 가난, 학교에 다니지 못하는 어린이들의 교육 문제와 같은 여러 가지 장애물들이 아프리카의 내일을 여전히 어둡게 하고 있어요.

죽음의 질병, 에이즈

아프리카는 세계 인구의 11퍼센트가 살고 있는데, 의료비는 세계 1퍼센트밖에 못 쓰는 대륙이에요. 아프리카 거의 모든 나라가 의료 후진국이라고 할 수 있지요.

아프리카 대륙을 벌벌 떨게 하는 가장 무서운 질병은 후천성 면역 결핍증 에이즈예요. 유엔 에이즈 퇴치 계획(UNAIDS)이 조사한 통계 자료를 보면, 세계 4천 2백만 명쯤에 달하는 에이즈 환가 가운데 74퍼센트가 사하라 사막 남쪽 아프리카에 살고 있어요. 아프리카에서 죽는 사람의 25퍼센트는 에이즈 때문에 목숨을 잃는다고 해요. 심지어 몇몇 나라에서는 죽는 사람의 절반쯤이 에이즈 때문에 목숨을 잃을 만큼, 아프리카에서 에이즈는 심각한 문제예요.

사무총장 직속 아프리카 특별 보좌관실

아프리카는 슬픈 역사로 얼룩진 대륙이에요. 오랫동안 서양의 식민지로 지배를 받아 오다가, 2차 세계 대전이 끝난 뒤에서야 하나둘 독립을 했지요. 하지만 오늘날까지도 식량, 보건, 인권, 안전과 같은 분야에 아주 많은 어려움을 겪고 있어요.
유엔은 사무총장 바로 아래에 '아프리카 특별 보좌관실'을 만들어 아프리카와 관계 있는 문제들을 모두 책임지고 있어요. 아프리카는 유엔의 '지역 우선 순위'에 속해 언제나 먼저 도움을 받을 수도 있지요. 아프리카 개발에 참여하고 있는 유엔 기구로는 세계 보건 기구, 국제 노동 기구, 유엔 인구 기금, 유엔 에이즈 계획, 유엔 개발 계획, 국제 농업 발전 기금, 유엔 아동 기금과 같은 기구들이 있어요.

아프리카의 검은 예수, 드로그바

드로그바는 아프리카 서쪽에 있는 나라인 코트디부아르의 국가 대표이자 영국 프리미어 리그 첼시 구단에서 공격수로 뛰고 있는 축구 선수예요. 2006년 한 텔레비전 인터뷰에서 조국인 코트디부아르의 내전을 멈추자고 호소한 뒤 정말로 내전이 멈추는 기적이 일어났지요.
드로그바는 2008년 '드로그바 협회'를 세워 아프리카에 의약품과 식음료, 축구공과 유소년 시설 지원을 시작했어요. 2009년에는 조국 코트디부아르에 병원 건설 기금으로 60억을 기부하며 지금까지도 아프리카를 돕는 일에 앞장서고 있어요.

도망친 라디오맨

"으악! 아빠!"

밤 늦게 아빠가 돌아왔다. 얼굴이 퉁퉁 부어서 멍이 잔뜩 든 채로. 나는 아버지의 찢긴 윗도리며, 진흙투성이 바지를 보았다.

"아빠! 무슨 일이에요?"

"아무 일도 아니야."

아빠는 온몸이 아픈지 천천히 걸어서 방 안에 들어갔다. 나는 양초에 불을 붙이고 아빠 얼굴을 자세히 보았다. 세상에, 이럴 수가! 누가 우리 아빠를 이렇게 마구 때린 것일까? 아빠의 입술은 찢어져서 피가 흘렀고, 퉁퉁 부은 이마와 눈은 보기만 해도 마음이 찢어질 것만 같았다.

"물을 떠 올게요."

나는 얼굴이 부은 데는 얼음 찜질이 좋다는 것을 알고 있었다. 하지만 냉장고는커녕 전기도 안 들어오는 우리 집에서 얼음은 어떻게 구

한단 말인가? 게다가 밖은 칠흙같이 어두웠다. 입안이 짰다. 눈물이 흘러 자꾸 입안에 흘러들었기 때문이다. 나는 엉엉 울면서 둥근 그릇에 물을 담아 방으로 갔다.

"울지 마. 금방 나을 거야."

아빠가 힘없는 목소리로 말했다. 나는 수건으로 아빠의 얼굴을 아주 살살, 살살, 닦아 주었다. 아빠는 내 손길이 좋은지, 아니면 온몸이 지쳤는지 가만히 있었다.

"어떻게 된 일이에요, 아빠? 예?"

"됐다……. 이만 자고 싶구나."

아빠가 한 손을 들어 이마에 올렸다. 나는 아빠의 다른 한 손을 꼭 잡았다. 아빠는 그대로 잠이 들었다. 잠든 아빠의 얼굴을 보니 더욱 가슴이 아팠다. 이럴 때 엄마라도 있으면 좋으련만. 우리 엄마는 내가 네 살 때 병으로 돌아가셨다. 무슨 병인지 잘 모르는데, 아주아주 고치기 힘든 병이었다고 했다. 아빠마저 사라지면 나는 어떡할까 생각하니 자꾸 눈물이 솟구쳤다.

"아빠…….."

나는 밤새도록 아빠를 돌보고 싶었지만, 눈을 뜨니 벌써 훤한 아침이었다. 아빠는 깊은 잠에 빠져 있었다. 나는 발소리를 죽이고 살며시 부엌으로 가서 쌀을 씻었다. 그리고 아빠가 가장 좋아하는 초록콩을 넣고 아침밥을 지었다. 냄비 가득 카레도 끓이고, 감자도 맛있게 삶았다.

"아빠, 아침 드세요."

나는 밥상을 차린 다음 아빠를 불렀다.

"너 먹고 학교 가라. 아빠는 나중에 먹을게. 정말이야."

아빠가 힘없이 말했다. 나는 아무리 권해도 아빠가 배 고프지 않으면 절대 먹지 않는다는 것을 알기 때문에 혼자 밥을 먹었다. 목이 메어 많이 먹을 수 없었다. 가방에 책과 공책, 연필을 차곡차곡 담았다. 그리고 소리 없이 방문을 닫고 학교로 갔다.

마을은 라디오맨 때문에 발칵 뒤집혀 있었다. 알고 보니, 우리 아빠를 마구 때린 사람도 다름 아닌 라디오맨이었다. 아! 라디오맨, 이 악질 도둑놈!

라디오맨은 우리 마을에서 소문이 자자한 악질 노름꾼이다. 옛날엔 아주 잘살았는데, 일도 안 하고 노름만 하다가 그 많은 재산을 몽땅 날려 버렸다. 하나뿐인 자기 딸도 도시에 있는 공장으로 팔아 버렸다고 했다.

라디오맨의 첫 번째 아내는 날마다 두들겨 맞기만 하다가 도망쳤다고 했다. 두 번째 아내는 아주 어린 소녀였는데, 역시 날마다 맞아서 얼굴이 언제나 개구리처럼 푸르뎅뎅했다. 마을 사람들이 이 악마 같은 사내를 라디오맨이라고 하는 것은, 그가 언제나 라디오를 훔쳤기 때문이다. 그는 자기 엄마 집에서 텔레비전이며 라디오를 훔쳐다 노름을 했다. 돈이 떨어지자 마을 사람들 집에서 라디오를 훔쳐다 노름을 했다. 마을 사람들은 그를 라디오맨이라고 손가락질했다. 지금은 모두 라디오맨이라는 말만 들어도 몸서리를 쳤다.

"우만. 아버지는 어떠시냐?"

염소를 끌고 가던 할아버지께서 물었다.

"주무셔요."

"아이고, 참. 라디오맨 때문에 사람들이 죽어나게 생겼구나!"
"그런데 아빠가 왜 라디오맨과 싸웠어요? 우리 아빠는 싸우고 때리는 것을 아주아주 싫어하는 분인데……."
"라디오맨이 들판에서 아내한테 몽둥이를 휘둘렀다는구나. 그걸 본 네 아버지가 달려가서 말렸지. 그러다 싸움이 난 거야. 끝내 라디오맨은 도망쳤어. 지금쯤 경찰이 찾고 있겠지. 내가 오후에 찾아갈 테니 집에 꼭 있어라, 우만."

"네. 할아버지."

나는 가방을 메고 터벅터벅 학교에 갔다. 교실에서 아이들이 라디오맨 얘기로 웅성웅성댔지만, 나는 빨리 집으로 가고 싶을 뿐이었다. 혼자 침대에 누워 끙끙대고 있을 아빠를 생각하니 마음이 무거웠다. 아주 무거운 돌덩이가 가슴에 꾹 박힌 것 같았다. 수업이 끝나자마자 나는 정신없이 달려서 집으로 갔다.

"앗! 곰!"

"우만, 왔구나."

"아빠는 어때요?"

"늑골이 부러진 것 같다. 병원에 가야 해. 이대로 집에 있으면 큰일 난다."

곰이 의사처럼 진지한 얼굴로 말했다.

"아빠, 병원에 가요."

나는 아빠의 어깨를 흔들었다.

"아냐. 괜찮아."

나는 아빠가 돈이 없어서 병원에 못 간다는 것을 잘 알고 있었다. 이런 생각을 하자 또다시 뚝뚝 눈물이 흘렀다.

"슈렌드라, 나와 함께 병원에 가요."

"날 좀 내버려 둬요."

"평생 불구로 우만한테 기대고 살 거요?"

곰이 나지막한 소리로 물었다. 그러자 아빠가 천천히 고개를 들고 일어났다. 곰은 아빠의 어깨를 잡아 일으켜 주었다.

"휴……."

아빠는 한숨을 쉬었다.

"내가 돈을 빌려 주겠소. 일해서 갚으시오."

"고맙소."

뜻밖이었다. 아빠가 곰의 도움을 받은 것이다. 우리 아빠는 남이 밥을 줘도 손도 안 대고 옷을 줘도 찢어 버리는 분인데, 이런 우리 아빠가 순순히 곰의 말을 듣다니! 나는 깜짝 놀라 아빠의 얼굴을 보았다. 그러자 아빠는 '훗' 하고 웃는 듯 보였다.

오후 늦게 아빠와 나와 곰은 병원에 갔다. 아빠는 병원에서 치료를 받았다. 다행히도 뼈가 부러진 것은 아니라고 했다. 온몸에 멍이 심해서 가만히 쉬어야 한다고 의사 선생님이 신신당부를 했다.

우리는 병원 응급실에서 라디오맨의 아내를 보았다. 그 여자는 우리 아빠보다 훨씬 심하게 다쳤다. 늑골이 부러진 것은 라디오맨의 아내였다.

"괜찮아요?"

아빠가 라디오맨의 아내한테 물었다.

"괜찮아요. 병원에 있는 동안은 맞지 않으니까……."

그 말에 나와 곰은 깜짝 놀랐다. 얼마나 맞고 살았기에 저런 말이

나오는 걸까? 나는 입술을 꼭 깨물고 라디오맨의 아내를 보았다. 개구리처럼 푸르죽죽한 얼굴은 웃고 있었지만 더없이 슬퍼 보였다.

해 질 무렵, 우리는 벼 베기가 끝난 논두렁을 따라 걸었다. 붉은 해가 산 사이로 지면서 하늘도 온통 붉게 물들어 있었다. 아빠와 나와 곰은 아주 천천히 걸었다. 아빠가 빨리 걸을 수 없었기 때문이다.

"아직도 이 세상에는 맞고 사는 여성들이 참 많이 있어요. 세계 여성들의 사망 원인을 보면 첫째가 질병이고, 두 번째가 굶주림 그리고 세 번째가 바로 폭력이에요. 여자들은 옛날과 견주어 학교에 다니며 배울 수도 있고, 투표할 권리도 있고, 자신의 생각도 마음껏 표현할 수 있어요. 그런데도 여전히 수많은 여성들이 맞고 살지요."

곰이 말했다. 아빠가 얼굴을 잠깐 찡그리는 것 같았다. 아파서 그러실까?

"아직도 많은 여자들이 회사나 공장에서 여자라는 까닭만으로 남자보다 월급을 적게 받습니다. 더 많은 일을 하고도 더 적게 받지요. 여자들은 집에서 아이들도 키워야 하는데……. 세상은 참 공평하지 않아요."

아빠의 말에 곰은 말없이 고개를 끄덕였다.

나도 곰곰이 생각해 보니 우리 마을에서 참 많은 비명 소리를 들었다. 밤에 아저씨들이 아줌마들을 마구 때리는 거였다. 여자들이 비명을 질러도 누구 하나 그 집에 달려가지는 않았다. 경찰도 나타나지 않았다. 비명 소리에 놀란 개들이 왕왕대며 짖어 댈 뿐이었다. 그런 생각을 하니 또 마음이 우울했다.

"우만! 넌 이다음에 장가가면 네 아내를 아주아주 예뻐해 주어야 한다! 알았지?"

갑자기 곰이 우렁차게 말했다.

"앗, 그럼요!"

나는 멋쩍게 웃으며 대답했다. 그러자 아빠는 소리 내서 껄껄껄 웃었다. 정말 오랜만에 들어 보는 아빠의 큰 웃음소리였다. 한 5년 만이었던 것 같다. 나는 이루 말할 수 없이 기분이 좋아 하늘 높이 껑충 뛰었다.

며칠 뒤, 우리는 라디오맨이 마을을
영영 떠났다는 소식을 들었다.

곰이 들려주는 유엔 이야기

우리나라와 유엔

우리나라와 유엔의 큰 인연은 1950년에 일어난 한국전쟁 때로 거슬러 올라가요. 북한의 침략을 받은 남한에 유엔군을 보내자는 결의안이 안전 보장 이사회를 통과했지요.

그때 우리나라는 유엔 회원국이 아니었지만 미국·영국·프랑스를 비롯해 그때까지 우리나라와 별 관계가 없던 오스트레일리아·벨기에·캐나다·콜롬비아·그리스·에티오피아·룩셈부르크·네덜란드·뉴질랜드·필리핀·태국·터키·남아프리카공화국 같은 열여섯 개 나라가 유엔군으로 전쟁에 참여해 우리나라를 도와주었어요.

그 뒤 우리나라는 남과 북이 갈라진 나라 형편 탓에 오랫동안 유엔 회원국으로 참여하지 못하다가, 1991년 9월 17일 46차 유엔 총회에서 남과 북이 한꺼번에 유엔에 가입했어요. 재미있는 사실은, 우리나라에서 1970년대 중반까지 유엔이 처음 생긴 10월 24일을 '유엔의 날'이라고 해서 국경일로 삼았다는 점이에요. 하지만 그때까지 유엔 가입이 번번이 좌절되고, 국군의 날(10월 1일), 개천절(10월 3일), 한글날(10월 9일), 추석과 같이 10월에 기념하고 있는 공휴일이 너무 많다는 의견이 있어서 1976년부터 공휴일에서 빠지고 말았지요.

우리나라와 유엔의 인연

1948년 5월	유엔 한국 임시 위원단의 도움으로 남한에서 총선거를 했어요.
1948년 12월	3차 유엔 총회 결의로 대한민국이 태어났어요.
1950년 6월	유엔 안전 보장 이사회는 북한을 침략자로 규정하고 16개 회원 군대로 이루어진 유엔군을 보내 한국전쟁에 참여했어요.
1991년 9월	46차 유엔 총회에서 남한과 북한이 유엔에 가입했어요.
1995년	유엔 안전 보장 이사회 비상임 이사국으로 선출되었어요.
2001년	한승수 외교부 장관이 56차 유엔 총회 의장으로 선출되었어요.
2007년	반기문 외교 통상부 장관이 8대 유엔 사무총장으로 취임했어요.

세계의 대통령, 반기문 유엔 사무총장

유엔 사무총장은 안전 보장 이사회를 열어서 여러 나라 사이에 복잡하게 얽힌 이해 관계를 조정하고, 인권을 보장받지 못하는 사람들을 돕는 것과 같은 중요한 일을 해요. 어떤 나라나 기구한테도 압력을 받지 않고 자유롭게 일하지요. 4만이 넘는 유엔 직원들의 인사권과 40억 달러에 달하는 예산을 집행할 권한도 지니고 있어요. 세계 모든 외교관들이 꿈꾸는 으뜸 자리가 바로 유엔 사무총장이라고 할 수 있지요.

지금 유엔의 사무총장이 바로 우리나라 사람인 반기문 사무총장이에요. 2006년 10월에 8대 유엔 사무총장으로 뽑혀서 2007년 1월부터 유엔을 이끌고 있지요. 아시아 사람으로는 미얀마 사람인 우 탄트 3대 사무총장에 이어 두 번째예요. 유엔 사무총장의 임기는 5년으로, 한 번 더 연임할 수 있어요.

역대 유엔 사무총장

- 1대 트리그베 리(노르웨이, 1946년~1952년)
- 2대 다그 함마르셸드(스웨덴, 1953년~1961년)
- 3대 우 탄트(미얀마, 1961년~1971년)
- 4대 크르트 발트하임 (오스트리아, 1972년~1981년)
- 5대 하비에르 페레스 데 꾸에르 (페루, 1982년~1991년)
- 6대 부트로스 부트로스 갈리 (이집트, 1992년~1996년)
- 7대 코피 아난(가나, 1997년~2006년)
- **8대 반기문(대한민국, 2007년~)**

오! 뽀르까스

우리 학교는 산허리 딱 가운데에 있다. 높은 산에 사는 아이들이 내려오기 쉽고, 산 밑에 사는 아이들도 올라오기 쉽게 지은 것이라고 했다. 우리 학교는 반이 하나밖에 없고, 학생도 스무 명밖에 안 되지만 정말 멋지다. 학교 지붕에는 네팔 국기가 걸려 있고, 그 뒤로 푸른 산들이 겹겹이 보인다. 학교 어귀에는 커다란 바위가 있어서 우리는 그 평평하고 넓은 바위 위에서 가끔 그림을 그렸다. 내가 가장 좋아하는 것은 축구와 그림 그리는 것 그리고 뽀르까스다.

오! 뽀르까스. 뽀르까스는 내 바로 옆자리에 앉는 짝꿍인데, 왼쪽 눈을 다쳐서 거의 흰 눈동자만 보인다. 똑바로 나를 보라고 하면, 오른쪽은 나를 보

고 있는데 왼쪽은 천장을 보고 있다. 자꾸 보면 웃음이 나와 죽겠다. 삐쩍 마른 뽀르까스는 내가 낄낄대고 웃어도 언제나 덩달아 웃으며 엉뚱한 물음이나 실실 던진다.

"우만, 말이 몇 해나 사는 줄 알아?"

"글쎄. 십 년?"

"아냐. 말은 이백 년을 살아."

"뭐, 뭐라고? 거짓말 마!"

"정말이라니까."

뽀르까스는 사실 누구보다도 말을 잘 안다. 뽀르까스가 하는 일은 집에 한 마리뿐인 말한테 밥을 주는 것이니까. 뽀르까스는 팔뚝에 상처가 있다. 집에서 키우던 말이 콱 물었다고 했다.

"뽀르까스, 말이 왜 물었어?"

"몰라. 갑자기 물었어. 난 그래도 말을 미워하지 않아. 그때는 팔이 떨어져 나갈 것 같았지만 나는 말을 용서했어."

뽀르까스네 집은 다른 집과 마찬가지로 커피 농사를 짓는다. 커피나무는 많지 않지만 형들 둘이서 열심히 농사를 짓는다.

뽀르까스는 형들이 학교도 못 가고 농사를 짓는데 자기만 학교에 간다고 언제나 미안해했다. 그래서 남들보다 더 열심히 공부하겠다고 말은 하는데, 우리 반에서 늘 맡아 놓고 꼴찌를 하는 사람은 뽀르까스다. 오, 뽀르까스!

나와 뽀르까스는 언제나 함께 숙제를 했다. 며칠 전에는 학교 앞에 있는 평평한 바위에 앉아 숙제를 했다. 뽀르까스는 빨리 숙제를 마치고 집에 가서 형들을 도와야 하기 때문에 나도 부지런히 뽀르까스의 숙제를 도왔다.

"근데, 뽀르까스. 너 눈은 태어날 때부터 그랬어?"

"아니."

"그럼? 어쩌다 다쳤는데……?"

"다섯 살 때 마을 형들과 산에서 장난을 치다가 한 형이 던진 돌에 눈을 맞았어. 정말 너무너무 아팠지. 눈에서 피가 철철 흘렀으니까. 하지만 병원에 갈 수 없었어. 병원은 아주 멀리 떨어져 있었으니까. 끝내 왼쪽 눈이 잘 안 보이게 됐어."

"뽀르까스! 그럼 지금 왼쪽 눈이 조금이라도 보이긴 해?"

"아니. 재작년에 한 등산가를 만났어. 그 등산가는 아주 멋진 망원경을 지니고 있었어. 그래서 나도 한번 보여달라고 했지. 그런데 내가 얼마나 바보 같았는 줄 알아? 어유, 내가 미쳤지. 그 망원경으로 이글이글 타오르는 태양을 보았어. 그러자 모든 게 이글이글 붉게 타올랐어. 그러고 나서 나는 사흘 동안 아무것도 볼 수 없었지."

"안 보였어?"

"응, 희한하게도 세상이 모두 초록빛으로 보였어. 온 세상이 사흘 동안 초록빛이었어. 그 뒤로 왼쪽 눈은 아주 못 쓰게 되었지. 지금은 절대 태양을 똑바로 보지 않아. 우만, 너도 태양을 함부로 바라보면 안 돼. 망원경을 끼고 태양을 보면 더욱 안 되고, 알았지?"

"응."

나는 뽀르까스가 본 초록 세상이 어땠을지 정말정말 궁금했다.

"숙제 다했어?"

"아차!"

나는 부랴부랴 뽀르까스와 산수 문제를 풀었다. 다행히도 문제는 쉬웠다. 나는 허둥지둥 숙제를 끝냈다.

"내일 봐! 뽀르까스!"

"잘 가, 우만!"

우리는 기분 좋게 헤어졌다.

하지만 이튿날 뽀르까스는 학교에 나타나지 않았다. 내가 그렇게 열심히 산수 숙제를 도와줬건만. 창밖에선 장대비가 내리고 내 마음은 참 쓸쓸했다. 뽀르까스는 그 다음 날도, 그 다음 다음 날도 학교에 오지 않았다. 람 선생님은 왜 뽀르까스가 안 오는지 아무 말씀도 안 해 주셨다.

뽀르까스의 소식을 들은 건 한 주일 뒤였다. 그날은 람 선생님이 한 번도 웃지 않았다. 람 선생님은 원래 웃음이 많은 편은 아니지만 그래도 슬픈 얼굴로 우리를 바라본 적은 한 번도 없었는데…….

미술 시간에 람 선생님은 우리 그림을 하나하나 봐 주셨다. 그리고 그날따라 칭찬만 하셨다. 우리는 기분이 정말 좋았다. 하지만 어딘지 불안했다. 람 선생님이 너무 슬퍼 보였기 때문이다.

"사실, 오늘 여러분한테 알려 줄 소식이 있어요."

우리는 모두 람 선생님의 말에 귀 기울였다.

"하나는 뽀르까스 얘기예요. 지난주에 아주 큰비가 내렸지요? 그때 산사태가 나서 뽀르까스의 집이 무너졌어요. 커피나무도 모두 쓸려 내려갔대요. 다행히도 다친 사람은 없어요. 뽀르까스도 아무 탈이 없고요."

오, 뽀르까스! 나는 흙더미에 깔려 바동거렸을 친구를 생각하니 몹시 슬펐다. 그런데 람 선생님의 말씀은 그게 다가 아니었다.

"뽀르까스의 두 형이 돈을 벌러 도시로 떠났어요. 이제 집이랑 커피나무를 돌봐야 할 사람은 뽀르까스밖에 없어요. 뽀르까스는 한동안 학교에 올 수 없어요. 그리고……, 선생님도 곧 도시로 가야 할 것 같아요. 어쩌면 이번 달 수업이 마지막이 될지도 몰라요."

이 말에 우리 반 아이들은 모두 깜짝 놀라 숨을 헉 삼켰다. 람 선생님이 가면 누가 우리를 가르친단 말인가? 반 친구들은 어찌할 바를 몰라 울먹였다.

"정말이에요?"

"선생님! 가지 마세요."

람 선생님은 책을 덮으며 허둥지둥 수업을 마쳤다.

"오늘은 이만. 내일 다시 만나요. 모두 조심해서 돌아가요. 알았죠?"

나는 집에 돌아오자마자 아빠한테 이 이야기를 들려주었다. 아빠는 람 선생님이 도시에 간다는 말을 듣고는 그저 물만 벌컥벌컥 마셔 댔다.

"학교가 가난해서 선생님은 오랫동안 월급을 못 받으셨어. 아주 오랫동안 말이야. 선생님은 곧 장가를 가야 해서 큰돈이 필요한 처지지. 아마 도시로 가서 일자리를 구하실 게다."

"아빠, 우리는 어떡해요?"

"글쎄……. 곧 새로운 선생님이 오시겠지."

아빠는 나를 속이는 게 분명했다. 찢어지게 가난한 우리 학교. 선생님한테 월급도 못 주는 이런 촌구석 학교에 누가 온단 말인가! 나는 입을 비쭉 내밀고 방바닥에 엎드려 그림을 그렸다. 나와 뽀르까스가 축구를 하는 학교 풍경을 그렸다. 뽀르까스는 너무 길쭉하게 그려서 장대처럼 보였다. 그것을 보자 뽀르까스가 보고 싶어졌다. 곡괭이를 들고 혼자서 땅을 파고 있을 뽀르까스를 생각하니 마음이 아팠다. 밖에서 번쩍번쩍 번개가 쳤다. 비가 오려는 것 같았다.

곰이 들려주는 유엔 이야기

유엔과 어린이 교육

우리나라에서는 여덟 살이 되면 누구나 학교에 가요. 유럽 선진국에서는 등록금을 내지 않고 대학교까지 마칠 수도 있지요. 그런데 인도나 파키스탄 같은 나라의 아이들은 아침이 되면 학교에 가는 대신 공장에 가서 일을 해요. 하루하루 끼니를 때우기도 힘든 형편이라 학교 가는 건 꿈도 못 꾸고 돈벌이에 나서야 하지요.

가난한 나라 아이들은 교육을 제대로 받지 못할 뿐만 아니라, 헐벗고 굶주려 몸도 튼튼하지 못해요. 유니세프에서 조사한 세계 어린이들의 영양 상태를 보면, 한 해에 5천 명도 넘는 아이들이 아직도 영양실조로 목숨을 잃는다고 해요. 가난해서 교육받기 힘들고, 교육받지 못해서 더욱 가난할 수밖에 없는 악순환이 이어지고 있어요.

유네스코, 모든 이를 위한 교육

흔히 '세계 문화 유산'을 정하는 곳으로 널리 알려진 유네스코(UNESCO)는 우리말로 풀이하면 '유엔 교육 과학 문화 기구'예요. 실제 유네스코가 가장 많이 하는 일은 사실 '교육' 분야이지요.

유네스코는 교육으로 가난을 몰아내고 삶의 질을 높이자는 뜻으로 2015년까지 '모든 이를 위한 교육(Education for All)'을 이루기로 했어요. 2000년에 열린 세계 교육 포럼에서 모든 이를 위한 교육의 목표로 다음 여섯 가지를 정했어요.

여섯 가지 목표
1. 영·유아 교육 늘리기
2. 13세 미만 아이들 공짜로 교육하기
3. 청소년과 어른을 위한 교육 기회 늘리기
4. 글을 못 배운 어른들을 위한 교육 마련하기
5. 학교에서 성차별 없애기
6. 모든 분야에서 교육의 질 개선하기

유네스코 협동학교

유네스코에서는 초·중·고 학교 교육 정책을 세울 뿐 아니라 교사 자격 기관을 세워 교사 교육을 하기도 하고, 인권 교육, 환경 교육, 타문화 이해 사업 같은 다양한 교육 사업을 펼치고 있어요. 그 가운데 하나로 1953년에 시작한 사업이 바로 '유네스코 협동학교'예요.

유네스코 협동학교에 가입하면 세계 여러 나라의 교육 자료는 물론, 학생과 교사들의 교류를 도움받

을 수 있어요. 2010년 지금 세계 180개 나라 8천5백 개 교육 기관(유치원, 초·중·고, 교원 양성 기관)이 유네스코 협동학교로 지정되어 있어요. 우리나라는 1961년에 4개 학교가 유네스코 협동학교로 가입한 것을 시작으로, 지금은 초등학교 16개를 비롯해 모두 108개 학교가 가입해 있어요.

새로 온 선생님

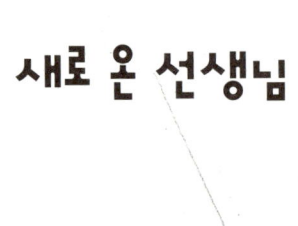

세상에! 불행은 조금 조금씩 나눠서 안 오고 한 번에 몽땅 찾아온다더니!

뽀르까스가 학교에 못 나온 지 얼마 되지 않아 선생님이 그만두신다 하고, 그날 밤 온 하늘이 찢어질 듯 큰비가 내렸다. 하늘에 구멍이 나서 물을 좍좍 퍼붓는 듯했다.

"어떡해! 산사태로 학교가 무너졌어!"

온 마을이 발칵 뒤집혔다. 산사태로 무너진 건 학교뿐만이 아니었다. 워낙 산사태가 크게 일어나 마을에 있는 집 다섯 채가 그대로 흙더미에 쓸려가 버렸다. 산비탈에 심은 커피나무도 모두 흙더미에 쓸려 내려가 버렸다. 우리를 잃은 염소들은 구슬픈 소리로 '매애' 하고 울어 대면서 어쩔 줄 몰라했다. 이 소식은 사방으로 널리 퍼졌다.

"아빠, 학교에 가야 해요?"

"그래."

아빠는 침대에 누워 짧게 대답했다. 나는 아침밥을 차리자마자 허둥지둥 먹고는 학교에 갔다. 학교 가는 길에 무너진 집들을 보았다. 누런 흙더미가 집 안까지 가득가득 차 있었다. 학교에 다다랐을 때 가장 먼저 눈에 띈 사람은 곰이었다.

"곰! 어쩐 일이에요?"

"아! 우만, 너희 집은 괜찮지? 아버지는 어떠시냐?"

"괜찮아요. 그런데 우리 학교 어떡해요?"

"음……. 걱정 마라."

학교에는 우리 반 친구들과 람 선생님 그리고 처음 보는 어른들이 있었다. 친구들 말로는 모두 람 선생님이 데리고 온 어른들로, 무너진 학교를 복구하는 일을 한다고 했다. 람 선생님은 누런 흙더미에 반쯤 무너진 학교를 보면서 한숨만 푹푹 내쉬었다. 쉽게 떠날 수도 없는 람 선생님을 생각하니 마음이 아팠다.

"여러분, 무너진 학교를 손보는 동안 학교 문을 닫겠습니다. 그동안 집에서 책을 읽고 공부를 하세요. 알겠죠?"

"네!"

우리는 힘차게 대답했다. 수업이 끝나고 친구들은 집으로 돌아갔다. 하지만 나는 곰 옆에 서서 어른들이 작업하는 것을 보았다.

"곰, 학교는 바로 복구되나요?"

"음, 이분들은 아주 실력 있는 기술자들이시다. 시간은 좀 걸리겠지만 학교를 예전보다 훨씬 튼튼하게 만들어 주실 거야."

"곰이 아는 분들이에요?"

"응, 학교가 산사태에 휘말렸다는 소식을 듣자마자 여러 나라에 편지를 썼단다. 다행히도 금세 사람을 보내 준다고 해서 이렇게 모셔 왔지. 아주 운이 좋았어."

나는 곰과 함께 얘기를 하다가 평평한 바위에 걸터앉아 있는 아빠를 보았다. 아빠는 바위에 앉아 물끄러미 사람들이 일하는 것을 보고 있었다.

"아빠!"

"슈렌드라!"

아빠는 가볍게 웃어 보였다.

"우만, 가서 버팔로 목욕 좀 시키고 오너라."

"네?"

"지금 가라."

"예, 아빠."

나는 가방을 메고 집으로 돌아갔다. 뒤돌아 보니 아빠와 곰이 머리를 맞대고 뭔가 조근조근 이야기를 나누고 있었다. 곰은 가끔 고개를 끄덕이며 아빠의 말에 귀 기울이는 것 같았다.

나는 얼마 동안 자유였다. 학교에 가지 않아도 됐으니까. 나는 주로 뽀르까스의 집에 놀러 갔다. 아빠는 언제부터인지 학교를 왔다 갔다 했다. 아빠는 허리가 약해서 힘든 일도 못 하는데, 왜 학교에 가시는지 알 수 없었다. 아마 곰을 만나러 가시나 보다.

"뽀르까스! 잘 지냈어?"

내가 뽀르까스를 찾아갔을 때, 뽀르까스는 활짝 웃으며 내 손을 꼭 잡았다.

"뽀르까스, 커피나무가 모두 쓸려 가서 어떡해? 다시 어린 커피나무를 사서 심어야 해?"

"아니, 먼저 뽑힌 나무들을 걷어 내고, 산에서 쓸려 내려온 나무와 풀도 모두 걷어 내야 해. 그런 다음 땅을 평평하게 골라야지."

"내가 도와줄게."

"고맙다, 우만."

뽀르까스는 며칠 사이에 의젓한 형처럼 바뀌어 있었다. 또 커피나무 공부를 많이 했는지, 일을 하면서 나한테 이런저런 이야기를 들려주었다.

"우만, 원래 여기는 그냥 랄리그라스 나무들뿐이었어. 나중에 커피나무를 심었지."

"왜?"

"커피나무는 뿌리가 깊고 사방으로 퍼지기 때문에 땅을 단단히 잡아 주거든. 그래서 사람들은 이 커피나무를 심은 거야. 산사태를 막으려고 말이야. 그런데 사람들은 이 나무가 커피나무인 줄 몰랐어. 빨간 열매가 주렁주렁 열렸을 뿐이지. 그 열매는 달지도 않고 맛도 없었어. 어떤 사람들은 이 나무를 베고, 그 대신 다른 과일나무를 심어야 한다고 했지."

"그래서 나무를 베어 냈어?"

나는 땅에 있는 큰 돌덩이를 옮기며 물었다.

"그때 한 여행자가 이 커피나무를 알아보았어. 그 여행자는 이 빨간 열매가 커피 열매이고, 껍질을 벗겨 안의 초록 씨앗을 말리면 커피가 된다는 것을 가르쳐 주었지. 그리고 실제로 커피 열매를 따서 씨앗을 말린 다음 까맣게 볶아서 커피를 타 주었어. 마을 사람들은 아주 쓴 커피 맛에 깜짝 놀랐지만, 설탕을 넣어 마시면 아주 맛있다는 것을 깨달았지. 그 덕분에 우리 마을에 커피나무가 많이 자라게 된 거야."

나는 산사태로 무너진 뽀르까스의 커피 농장을 보았다. 커피나무의 뿌리가 아무리 깊고 넓다고 해도 모든 것을 쓸어가 버리는 태풍과 산사태를 생각하니 마음이 무거웠다. 뽀르까스의 어머니는 부엌에서 밥을 짓고 계셨다.

나는 학교가 문을 닫은 내내 뽀르까스를 도왔다. 버팔로는 뽀르까스네 집 마당에서 풀을 뜯어 먹으며 잘 지냈다. 뽀르까스의 한 마리뿐인 말도 우리 집 버팔로와 안 싸우고 잘 지냈다.

산사태로 엉망이 된 흙밭은 다시 평평해졌다. 우리는 흙더미에 쓸려 내려온 돌덩이를 나르고, 잡초를 뽑고, 나뭇가지를 모두 걷어 내 태워 버렸다. 그 뒤 며칠이 지나자 뽀르까스는 커다란 삽으로 큰 웅덩이를 팠다.

"언젠가는 여기에 커피 묘목을 심을 거야."

뽀르까스는 한 번도 얼굴을 찌푸리지 않았다. 나는 그런 뽀르까스가 정말 신기할 뿐이었다. 내가 뽀르까스네에서 일손을 돕는 동안, 아빠는 학교에 다니고 있었다. 아빠는 이제 더는 술을 안 마셨다. 밤에 집에 돌아올 때마다 아빠가 늘 말끔한 정신이어서 나는 속으로 깜짝 놀랐다.

어느 날, 뽀르까스네 집에서 돌아오는 길에 아빠와 곰을 만났다. 아빠는 우리가 보는 교과서를 손에 들고 계셨다. 곰은 나를 보자 반갑게 손을 흔들었다.

"우만, 잘 만났다. 그거 알고 있어? 너희 아빠는 다음 주부터 학교에 나가실 거야."

"예? 왜요?"

"람 선생님은 도시로 가실 거야. 그리고 이제부터 너희 아빠가 가르칠 거다."

나는 깜짝 놀라 아빠를 보았다. 그러자 아빠는 머쓱한 듯이 어깨를 으쓱했다.

"우만, 네가 태어나기 전부터 나는 학교 선생님이었어."

"정말이에요?"

"그래. 전쟁에 나가기 전에는 학교에서 교사로 일했지. 우만, 앞으로 학교에서는 나를 보고 선생님이라고 해라. 하하!"

세상에! 우리 아빠가 우리 학교의 선생님이라니! 나는 아빠가 술을 한 번에 끊었다는 사실이 기뻤고, 우리를 가르치는 선생님이 된다는 말에 온 하늘을 빙빙 날면서 끝없이 소리치고 싶었다.

"야호!"

여태까지 살면서 가장 가슴 뛰는 날이었다. 아빠는 내가 좋아하는 모습에 머리를 긁적이며 기뻐했고, 곰도 싱글벙글 웃으며 우리를 따라왔다.

그 다음 월요일, 람 선생님이 떠나고 아빠가 교단에 올랐다. 나는 눈을 반짝이며 자랑스러운 우리 아빠를 보았다. 이 소식에 마을 사람들은 깜짝 놀라 모두 입을 쩍 벌렸다.

"세상에! 슈렌드라가 술을 끊다니……. 곰이 도왔군!"

곰이 들려주는 유엔 이야기

어린이의 내일을 지키는 유엔

약이 없어서 건강을 잃는 아이들

지금 세계에서는 3분에 하나 꼴로 아이들이 시력을 잃고 있어요. 비타민 에이(A)만 있으면 실명을 막을 수 있는데, 그 흔한 비타민 알약이 없어서 수많은 아이들이 앞을 못 보고 말지요. 또한 해마다 수백만 어린이들이 홍역과 결핵으로 죽고 있어요. 이 전염병은 예방 주사와 항생제로 쉽게 예방할 수 있는 것들인데 말이에요.

1980년대 유엔 아동 기금 '유니세프'는 아이들을 위한 예방 접종 운동을 아주 크게 펼쳤어요. 그 결과 소아마비와 같은 질병은 거의 사라졌어요. 하지만 아직도 약이 없어서 건강을 잃는 아이들이 세계 곳곳에는 아주 많아요.

세계 어린이의 영양

세계 다섯 살 미만 어린이 2억 명이 영양실조에 걸려 있다는 통계도 있어요. 이 가운데 해마다 6백만 명쯤이 목숨을 잃고 있지요. 이런 아이들의 90퍼센트쯤은 아시아와 아프리카에 살고 있어요. 어른보다 면역력이 약한 아이들은 영양이 부족하면 아주 쉽게 질병에 걸리고 말아요. 영양실조는 식량 부족이 원인이기도 하지만, 균형이 깨진 영양 섭취와 더러운 환경, 오염된 물, 비타민 부족 때문에 나타나기도 해요.

물과 위생

아세요? 지금도 10억이 넘는 사람들이 깨끗한 물을 못 마시고 있고, 30억에 달하는 사람들이 제대로 된 화장실 없이 더러운 환경에서 살고 있어요. 더러운 물을 마신 어린이들은 콜레라와 설사와 같은 질병에 걸리기 쉽고, 심해지면 탈수증에 걸려 목숨을 잃기도 해요. 해마다 200만 명의 어린이가 더러운 물 때문에 목숨을 잃고 있어요.

세계 어린이를 돕는 유엔 기구, 유니세프

유니세프는 내일의 꿈인 어린이를 돕는 유엔 기구예요. 유니세프는 2차 세계 대전이 끝난 뒤인 1946년, 고통 받는 유럽 어린이들을 보호하고 도우려는 뜻으로 처음 생겨났어요.

오늘날 유니세프는 유럽, 아시아, 아메리카, 아프리카와 같은 세계 160여 개 나라에 지부를 두고 있어요. 아직도 세계의 많은 아이들은 질병, 식량 부족, 교육 받을 수 없는 환경과 같은 여러 가지 고통에 신음하고 있지요.

유니세프는 이와 같은 어려움을 겪는 세계 아이들을 위해 여러 가지 분야에서 활동을 펼치고 있어요. 보건 위생, 영양 개선, 식수 공급, 산모와 신생아의 건강, 기초 교육, 여성과 아동의 권리와 같이 다양한 분야에서 아이들을 돕고 있지요. 유니세프는 주로 국제 모금 활동으로 아이들을 돕는 비용을 마련해요.

아빠의 편지와 커피나무

아빠가 선생님이 되고 나서 가장 먼저 한 일은 당연히 아이들을 가르치는 일이었다. 그리고 두 번째로 한 일은 집에 전기를 끌어온 것이다. 밤이 되면 아빠와 나는 전등을 켜고 환한 불빛 아래에서 숙제를 했다. 내가 산수와 작문 숙제를 할 때 아빠는 편지를 썼다.

"몇 통째예요?"

"마흔두 통째다."

아빠가 쓰는 편지는 우리나라 정부와 세계 여러 시민 단체에 보내는 편지였다. 아빠는 우리 마을에서 일어난 산사태를 알리고, 마을 사람들을 위해 커피나무를 보내 달라는 편지를 쓰고 있었다.

"아빠, 커피나무가 비싸요?"

"그래. 작은 커피 묘목도 싸지는 않아. 한두 그루 커피 묘목으로는 마을을 살릴 수 없어. 적어도 삼천 그루는 있어야 온 산에 커피나무를 심을 수 있단다. 그러면 산사태도 막고, 마을 사람들도 커피 농사로 먹고살 수 있지."

말똥말똥한 눈빛으로 편지를 쓰고 있는 아빠를 보니, 나는 정말 신기하고 신기할 뿐이다. 날마다 나무 아래에서 잠들고 술에 취해 휘청대던 우리 아빠가 이렇게 바뀌다니! 이 모두 곰 덕분이었다. 어느새 나타난 곰은 우리 아빠의 단 하나뿐인 친구가 되었고, 그 좋아하던 술도 한 번에 끊게 했으며, 우리 아빠가 교단에 서는 것도 이끌어 주었다. 요즘 곰이 우리 집에 놀러 오면 아빠가 손수 차를 끓인다.

나와 아빠는 숙제를 마치면 마루에 앉아 차를 마셨다. 아빠의 차 끓이는 솜씨는 정말 좋았다. 나는 홀짝홀짝 차를 마시며 밤하늘에 뜬 달을 보았다. 풀벌레 우는 소리, 개구리 소리, 논두렁 위로 반짝이며 날아가는 반딧불이도 모두 아름다웠다. 그러던 어느 날, 답장이 왔다.

"오! 드디어!"
아빠는 천천히 편지 봉투를 열었다.
"3만……, 3만 그루?"
아빠는 깜짝 놀라 '헉' 하고 숨을 삼켰다.
"아빠, 무슨 일이에요?"
"우만! 커피를 좋아한다는 어떤 분이 우리를 돕는다는구나! 자그마치 커피 묘목 3천 그루를 10년 동안 해마다 보내 준대. 드디어 우리 마을에 희망이 생기는구나!"

누군가 커피나무를 선물했다는 소식은 화살처럼 금세 마을에 퍼졌다. 마을 사람들은 커피나무를 더 심을 수 있다는 말에 기뻐하며 땅을 고르기 시작했다. 커피나무가 온다는 소식에 가장 기뻐한 사람은 곰이었다.

"커피 농사가 잘 되면 굶는 아이들은 사라질 거예요. 돈을 벌러 먼 도시나 외국으로 떠나가는 아이들도 줄어들겠지요. 그러면 아이들은 다시 학교로 돌아올 수 있고요."

"네."

"슈렌드라, 당신은 정말 멋진 사람이오."

곰의 말에 아빠는 당황해하며 '흠흠' 헛기침을 했다. 곰은 그런 아빠를 보고는 배꼽을 잡고 껄껄 웃었다. 나는 아빠와 곰이 하는 말에 귀를 기울이며 생각했다.

'잘됐어. 곧 있으면 뽀르까스 형들도 돌아오고, 뽀르까스도 학교로 돌아올 수 있을 거야.'

뽀르까스와 학교 앞 평평한 바위에 앉아서 놀 생각을 하니 자꾸 웃음이 나왔다. 곰은 차를 홀짝홀짝 마시며 말했다.

"나는 오랫동안 유엔에서 일했어요. 여러 가지 의견들이 맞지 않아 갈등이 심할 때 그것을 조정하는 일을 주로 많이 했지요. 그 가운데 가장 힘든 것이 바로 환경 문제였어요."

"그래요?"

아빠는 궁금한 듯이 두 눈을 크게 떴다.

"지금 이 세상에서 가장 급한 문제가 바로 환경 문제예요. 화학 비료를 너무 많이 쓰다 보니 땅이 점점 죽어 가고 있지요. 소와 닭 같은 가축들한테 너무 많은 항생제와 질 나쁜 비료를 쓰기 때문에, 우리

먹을거리가 별로 안전한 게 없어요. 어디 그뿐인가요? 마구잡이 개발 탓에 아마존 같은 숲이 확확 사라지고 있어요. 지구 온난화로 북극의 얼음은 50년도 안 가서 사라질 테고, 벌써 해수면이 높아져 사라져 버린 섬들도 있지요. 오존층 파괴도 아주 심각해요. 하늘을 덮고 있는 오존층이 파괴되면서 자외선 노출이 점점 심해져 사람과 동물들이 암에 걸리고, 자동차와 공장 매연으로 공기가 오염돼 사람들이 죽어 가고 있어요."

곰의 말에 아빠가 머리를 긁적이며 물었다.

"환경을 되살리려면 온 세상 사람들이 모두 힘을 모아야 하지 않을까요? 그런데 왜 의견이 안 맞는다는 거죠?"

"선진국과 개발 도상국이 싸우고 있어요. 선진국은 숲을 지키고, 공해를 막고, 물의 오염을 줄이자고 하지요. 하지만 가난한 개발 도상국은 생각이 달라요.

선진국은 몇 백년 전부터 공장을 세워 숲과 강을 더럽히면서 빠른 성장을 이루었어요. 게다가 세계 이곳저곳에 여러 식민지를 만들어 그 땅을 멋대로 개발하고 자원을 파헤쳤어요. 오늘날 환경

파괴를 이끈 나라가 바로 선진국들이죠. 지금 한창 경제 개발을 하고 있는 나라들은 이런 선진국을 손가락질하고 있어요. 자기 나라에서는 사람들이 일자리가 없어서 굶주림에 쓰러져 가는데, 선진국이 자꾸 환경을 들먹이며 공장도 마음대로 못 짓게 하고 발목을 잡으니 화가 나는 것은 당연해요.

오늘날 선진국은 대개 지구의 북반구에 있어요. 반대로 개발을 이루지 못한 가난한 나라들은 남반구에 많이 있고요. 환경을 둘러싼 남과 북의 갈등은 점점 깊어지고 있어요."

"참, 큰일이네요. 요즘엔 기상 이변으로 많은 사람들이 목숨까지 잃고 있는데 말이에요."

나는 곰의 말이 어려웠지만, 우리가 뭔가 환경을 위해 애써야 한다는 것은 알아들을 수 있었다. 우리 마을에 커피나무를 보낸 사람들도 있지 않은가? 나 또한 사람들을 위해 뭔가 쓸모 있는 일을 하고 싶다는 생각이 들었다.

곰이 들려주는 유엔 이야기

세계 환경을 지키는 유엔

지구의 경고, 기후 변화

오늘날 우리가 발을 붙이고 사는 지구의 가장 커다란 문제는 '환경'이에요. 우리 사람은 그동안 물, 공기, 흙, 동식물과 같은 지구의 자연 환경을 참 많이 망가뜨려 왔어요. 그 결과 아주 끔찍한 일들이 벌어지고 있는데, 그 가운데 가장 심각한 문제는 기후 변화예요. 석탄, 석유, 천연가스와 같은 화석 연료를 마구잡이로 써서 지구가 점점 더워진 탓이지요. 이런 현상을 '지구 온난화'라고 말해요. 지구 온난화는 화석 연료를 태울 때 나오는 이산화탄소가 적외선을 빨아들여 온실의 유리 지붕과 같은 구실을 하는 바람에 지구의 온도가 올라가는 현상이에요.

지구의 온도가 올라가면서 세계의 날씨도 자꾸만 이상해지고 있어요. 어떤 곳은 비가 너무 많이 내리고, 어떤 곳은 비가 너무 안 오고, 갑자기 춥거나 갑자기 더워진 날씨 탓에 많은 동식물과 사람들이 아까운 생명을 잃고 있지요. 우리나라 날씨만 봐도 이런 현상은 뚜렷하게 나타나요. 한여름 해가 쨍쨍 내리쬐다가도 갑자기 미친 듯이 비가 퍼붓는 열대 지방 같은 날씨가 점점 흔해지고 있어요.

지구는 지난 100년 동안 평균 온도가 1도 가까이 올랐는데, 지구에 사는 수많은 생명은 이렇게 빠른 기후 변화에는 쉽게 적응할 수 없어요. 지구 온난화가 이어지면 극지방의 얼음은 물론, 히말라야와 안데스 산맥의 눈까지 녹아 내려 2030년쯤에는 모두 사라질지도 몰라요. 그러면 해수면의 높이가 올라가 수많은 섬과 도시가 물에 잠기겠지요. 농사지을 땅도 줄어들어 온 세계가 식량 부족에 시달릴 거예요. 이렇게 끔찍한 일을 막으려고 유엔에서는 어떤 노력을 기울이고 있을까요?

자연과 생명을 지키는 유넵

유넵(UNEP)은 유엔을 대표하는 환경 기구예요. 세계 여러 나라의 정부, 학계, 시민 단체와 함께 힘을 모아 지구 환경을 지키는 데 온 힘을 기울이고 있지요. 유넵에서 하는 일 가운데 기후 변화를 막으려고 하는 일은 크게 세 가지예요.

첫 번째는 기후 변화의 폭과 심각성, 지구에 미칠 영향을 체계 있게 분석하고 예측해서 알려 주는 일이에요. 이 일은 유넵 '조기 경보국'에서 맡아 하고 있는데, 이곳에서 알려 주는 자료와 정보를 바탕으로 세계 수많은 나라 정부와 환경 단체들이 정책을 만들고 실행 방법을 찾고 있어요.

두 번째는 회원국 정부들이 기후 변화의 폭과 피해를 줄일 수 있는 정책을 세우게 이끄는 일이에요. 이 일은 유넵의 '환경 정책 이행국'에서 맡고 있어요.

세 번째는 기후 변화의 심각성을 사람들한테 널리 알려서, 사람들 스스로 이를 막을 수 있는 방법을 실천하게 이끄는 일이에요. 유넵 '대외 협력국'에서 이런 일을 맡아서 해요.

이 밖에도 유엔의 여러 기구들이 환경 문제와 기후 변화를 주요 업무로 삼고 있어요. 유엔 식량 농업 기구는 식량과 기후 변화의 연관성을, 유엔 사막화 방지 협약국은 사막화를 막는 방법을 찾고 있지요. 유엔 무역 개발 기구는 세계 여러 나라들 사이에서 온난화 가스 배출권 문제를 조율해요.

곰과 반딧불이

마을에 커다란 트럭에 세 대나 왔다. 트럭에는 팔뚝만 한 작은 커피 묘목이 가득 실려 있었다. 마을 사람들은 모두 나와 커피나무를 옮겼다. 아이들도 커피나무를 옮기고, 아빠와 곰도 일손을 도왔다. 아빠는 커피나무를 세서 장부에 하나하나 적고 있었다. 마을 사람들한테 공평하게 커피나무를 나눠 주는 것이 아빠의 일이었다.

"정말 기쁜 날입니다."

곰은 싱글벙글 웃으며 커피 묘목을 척척 옮겼다. 나는 커피나무를 나르다가 뽀르까스를 만났다. 뽀르까스네 집 또한 커피 묘목을 받을 수 있다고 했다. 그리고 곧 있으면 도시로 일을 나간 형들이 집으로 돌아올 거라고 했다.

"그럼, 이제 학교에 다시 돌아올 수 있는 거야? 뽀르까스?"
"아마도."

이렇게 말하는 뽀르까스는 무척 들뜬 얼굴이었다. 사실 그날은 우리 마을 사람들 모두 가장 기쁜 날이었다. 마을에 나이 많은 어르신들은 물론이고 아이들과 염소들까지 신이 나서 모두 산을 펄쩍펄쩍 뛰어오르듯이 내달리며 커피나무를 옮겼다.

해가 어둑어둑해질 무렵 모두 일을 마쳤다. 트럭에서 내린 커피나무는 학교 운동장에 예쁘게 나란히 늘어서 있었다. 온 운동장을 가득 채운 커피나무를 보고는 마을 사람들은 설레는 마음으로 돌아갔다. 마을 사람들이 돌아가자 운동장에는 아빠와 나와 곰만 남았다. 곰은 흙투성이 손을 바지에 슥슥 닦아 냈다.

"이제 헤어져야 할 시간이오."

곰이 말했다. 나는 곰의 낮은 목소리에 곰이 다시 어디론가 떠날지도 모른다는 생각이 들었다. 갑자기 다리에 힘이 쭉 빠졌다.

"우만, 잘 있어야 한다."

"앗! 곰······."

"우만, 나는 길고 긴 휴가를 모두 다 썼단다. 이제 돌아가서 다시 열심히 일해야 해."

"정말 가요? 가지 말아요. 네?"

나는 곰의 바지를 잡아당겼다. 그러자 아빠가 내 어깨를 감쌌다.

"우만, 곰은 언젠가 다시 돌아올 거야."

"그래도······."

곰이 쪼그리고 앉아 두 팔을 벌렸다.

"나를 안아다오."

나는 뒷걸음질을 쳤다. 이렇게 곰을 다시 보내고 싶지 않았다.

"우만."

나는 어쩔 수 없이 두 팔을 벌려 곰을 꼭 안았다. 곰도 나를 꼭 안아 주었다. 곰은 내 두 눈을 보며 말했다.

"우만, 꼭 네 꿈을 이루거라. 포기하지 말고."

"네."

곰은 아빠한테도 손을 내밀었다.

"슈렌드라, 고맙소. 다시 만납시다."

"이번에는 어디로 가시죠?"

"뉴욕에 있는 유엔 본부로 먼저 돌아가야 합니다."

"언제나 건강하세요."

아빠는 곰의 손을 힘차게 잡았다.

"다음에 또 만나요. 편지 보낼게요."

곰은 이렇게 말하고는 뒤돌아 갔다. 나와 아빠는 운동장 한가운데 서서 곰의 뒷모습을 바라보았다. 곰은 뒤돌아보지 않으려고 무척 애쓰는 듯했다.

나는 운동장에 주저앉아 눈물을 뚝뚝 떨구었다. 리뚜를 찾아 주고, 산수를 가르쳐 준 곰. 언덕에서 나와 함께 노을을 바라보고, 같이 낚시를 하고, 함께 빵을 만들어 먹던 곰을 볼 수 없다고 생각하니 자꾸만 눈물이 쏟아졌다.

나와 아빠는 학교를 떠나며 운동장에 놓인 커피나무를 보았다. 아주 작은 초록 잎 사이로 작은 반딧불이가 반짝반짝 빛을 내며 날아다니고 있었다. 그 모습이 반딧불이의 연주로 들렸다. 세상에서 가장 고요하고 반짝이는 아름다운 연주였다.

쉽게 풀어 쓴
유엔 아동 권리 협약

1989년 11월 20일에 열린 유엔 총회에서는 어린이의 자유와 평화, 생존과 안전을 지켜 주려는 뜻으로 '유엔 아동 권리 협약'을 만들었어요. 이 협약은 어린이가 몸과 마음이 튼튼한 어른으로 자라는 데 필요한 모든 권리를 담고 있어요. 세계 193개 나라의 비준을 받은, 세계에서 가장 많은 나라의 비준을 받은 국제법이기도 하지요. 쉽게 풀어 쓴 '유엔 아동 권리 협약'을 읽어 보고, 여러분이 국제법으로 어떤 권리를 보호받고 있는지 한번 살펴보세요.

1조 　아동의 범위는 따로 법으로 정하지 않는 한 열여덟 살 미만까지로 한다.

2조 　우리가 누구이든지, 우리 부모님이 누구이든지, 우리가 백인이건 흑인이건, 남자이건 여자이건, 영어를 쓰든지 한국말을 쓰든지 서울말을 쓰든지 사투리를 쓰든지, 하느님을 믿거나 부처님을 믿거나, 부자이거나 가난하거나, 장애인이든 아니든 상관하지 않고 우리는 모두 이 조약에 적힌 권리를 누릴 수 있다.

3조 　어른이 우리한테 해 주어야 할 것이 있을 때, 그 어른은 우리한테 가장 보탬이 되는 것을 해 주어야 한다. 정부는 우리를 보호할 법과 제도를 만들고, 우리가 속한 기관을 똑똑히 감독해야 한다.

4조 　이 협약에 서명한 세계 모든 나라는 이 협약이 잘 지켜질 수 있게 법과 행정을 가다듬고, 필요하다면 다른 나라와도 힘을 모은다.

5조 　우리 부모님한테는 우리의 능력과 발달 형편에 따라 우리를 가르치고 보살필 책임과 권리가 있다.

6조 　우리는 건강한 생명을 누리며 살아갈 권리가 있다. 어른은 우리가 생명의 위협을 받지 않고 자랄 수 있게 도와주어야 한다.

7조 　우리는 모두 이름을 가질 권리가 있다. 그래서 우리가 태어날 때부터 우리의 이름, 부모님의 이름, 태어난 날이 기록되어야 한다. 우리는 국민이 될 권리가 있다. 나를 낳아 준 부모님이 누구인지 알 수 있는 권리와 부모님한테 보살핌을 받을 권리가 있다.

8조 　내 이름과 나라, 부모님과 형제들을 함부로 빼앗아 갈 수 없다. 혹시 누가 우리한테서 이를 빼앗아 간다면 빨리 되찾아 주어야 한다.

9조 　우리는 우리 자신을 위해서가 아니라면 부모님과 헤어져서는 안 된다. 우리 자신을 위한 때라는 것은 부모님이 우리를 해치거나 보살펴 주지 않고 버려둘 때이다. 만일 부모님이 따로 살기로 한다면 우리는 어느 한 분과 함께 살아야 하지만 두 분 모두 만나 볼 수 있는 권리가 있다.

10조 　우리가 부모님과 다른 나라에 살고 있으면, 우리는 부모님한테 돌아가 부모님과 같은 나라에서 살 권리가 있다.

11조 우리는 유괴당하지 않아야 하고, 만일 유괴당한다면 어른은 우리를 되찾는 일에 온 힘을 쏟아야 한다.

12조 어른이 우리한테 영향을 주는 결정을 내릴 때 우리는 우리 의견을 말할 수 있는 권리가 있다. 그리고 어른은 우리 의견을 진지하게 받아들여야 한다. 만일 우리가 너무 어리다면, 우리 의견을 대신 말해 줄 사람을 내세울 수 있다.

13조 우리는 모든 것을 표현할 권리가 있다. 말이나 글이나 예술로 우리 생각을 말하고 남의 생각도 마음껏 받아들일 권리가 있다. 하지만 다른 사람의 권리를 해치지는 않는지 잘 생각해서 해야만 한다.

14조 우리는 우리가 바라는 대로 생각할 권리가 있고, 우리 자신의 종교를 정할 권리가 있다. 부모님은 우리가 무엇이 옳고 그른지 배울 수 있게 도와야 하고, 정부는 우리가 이런 권리를 누릴 수 있게 법과 제도를 만들어야 한다.

15조 우리는 다른 사람을 만나서 사귀고 모임을 만들 권리가 있다. 우리 의견을 밝힐 수 있는 평화로운 집회를 열 자유와 권리도 있다. 물론 다른 사람한테 해를 끼칠 수 있는 모임은 안 된다.

16조 우리는 사생활을 간섭받지 않을 권리가 있다. 그리고 이름이 더럽혀지지 않을 권리가 있다.

17조 우리는 텔레비전, 라디오, 신문, 책과 같은 여러 매체를 통해 세계 곳곳의 정보를 모을 권리가 있다. 어른은 우리가 이해할 수 있는 정보를 얻을 수 있게 도와주어야 한다.

18조 우리 부모님은 우리를 기르는 노력을 두 분이 함께 해야 하고, 정부는 부모님이 우리를 잘 키울 수 있게 여러 기관과 시설을 잘 관리해야 한다. 만일 우리 부모님이 직장에 다닌다면 우리가 집이 아닌 곳에서 시간을 보낼 수 있는 시설과 서비스도 마련해 주어야 한다.

19조 아무도 우리를 해쳐서는 안 된다. 어른은 우리가 매를 맞거나 괴롭힘을 당하거나 무관심 속에 내버려지게 놓아 두지 말고 우리를 보호해 줘야 한다. 우리 부모님도 우리를 해칠 권리는 없다.

20조 부모님이 안 계실 때, 또는 부모님과 같이 사는 것이 안전하지 않을 때 우리는 특별한 보호와 도움을 받을 권리가 있다.

21조 우리가 입양되어야 한다면, 어른은 모든 일을 우리를 위해 가장 좋은 쪽으로 해야 한다. 우리의 입양은 법과 절차에 따라 이루어져야 하며, 우리를 입양하면서 누군가 이익을 챙겨서는 안 된다.

22조 우리가 다른 나라로 망명을 한다면, 우리는 특별한 보호와 도움을 받을 권리가 있다. 어른은 우리가 다시 부모님을 만날 수 있게 도와야 한다.

23조 우리가 몸이나 마음에 장애가 있다고 해도 다른 아이들처럼 자라날 수 있게 특별한 보살핌과 교육을 받을 권리가 있다.

24조 우리는 건강을 지킬 권리가 있다. 우리는 아플 때 전문 치료와 보살핌을 받을 수 있어야 한다. 어른은 우리가 아프지 않게 잘 먹이고 보살펴야 한다.

25조 우리가 몸이나 마음이 아파서 병원이나 특수 학교에 간다면, 정부는 일정한 시간을 정해 우리가 잘 보살핌을 받고 있는지 살펴보아야 한다.

26조 우리는 부모님의 사는 형편에 따라 사회 보장 제도 혜택을 받을 권리가 있다.

27조 우리는 알맞은 삶의 수준을 유지할 권리가 있다. 부모님은 우리한테 먹을 것, 입을 것, 살 곳을 마련해 주어야 하고, 만일 부모님이 어렵고 힘들다면 나라에서 부모님을 도와주어야 한다.

28조 우리는 교육을 받을 권리가 있다. 초등 교육은 아무런 조건 없이 누구나 받을 수 있어야 한다.

29조 우리가 지닌 사람됨, 재능, 정신과 신체 능력을 마음껏 키우려면 우리는 반드시 교육을 받아야 한다. 또한 우리는 교육을 받아 자유로운 세상에서 다른 사람들의 권리를 이해하고, 깨끗한 환경을 생각하며, 나의 말과 행동에 책임질 줄 알고, 다른 사람과 어울려 평화롭게 살아가는 법을 배워야 한다.

30조 작은 나라 또는 작은 집단의 어린이한테도 자신만의 문화를 즐기고, 자신들의 종교를 믿으며, 자신들의 말을 쓸 권리가 있다.

31조 우리한테는 쉬고 놀 수 있는 권리가 있다.

32조 우리가 일을 해서 돈을 번다면, 건강에 안 좋거나 학교에 가지 못할 상황에서 일하지 않게 보호받아야 한다. 우리가 일을 해서 누군가 돈을 번다면 우리는 우리가 일한 대가를 받아야 한다.

33조 우리는 마약에서 보호받을 권리가 있다. 마약을 사고파는 일에도 이용당하지 않아야 한다.

34조 우리는 성 착취와 성 학대로부터 보호받을 권리가 있다. 아무도 우리 몸에 우리 자신이 바라지 않는 것을 할 수 없다. 누군가 함부로 우리 몸을 만지거나, 사진을 찍거나, 하고 싶지 않은 야한 말과 행동을 시킬 수 없다.

35조 아무도 우리를 유괴하거나 팔 수 없다.

36조 아무도 우리를 마음대로 착취할 수 없다.

37조 우리가 큰 잘못을 저지르면 벌을 받아야 하지만, 그렇다고 우리한테 심한 창피를 주거나 상처를 주는 벌을 내릴 수 없다. 우리가 감옥에 들어가는 것은 가장 마지막으로 쓰이는 방법이어야 한다. 만일 감옥에 간다면 우리는 감옥에서 특별한 보호를 받고 식구들과 만날 수 있는 권리가 있다.

38조 우리는 전쟁이 일어났을 때 보호받을 권리가 있다. 열다섯 살까지는 절대 군대에 들어가거나 전쟁에 참여해서는 안 된다.

39조 우리가 착취 또는 학대에 시달리거나, 버림받거나, 자연 재해나 전쟁으로 몸이나 마음을 다친다면 우리는 특별한 보호와 치료를 받을 권리가 있다.

40조 우리가 범죄를 저질렀다는 혐의를 받으면, 우리는 우리 자신을 보호할 권리가 있다. 경찰과 변호사와 판사는 우리를 존중해야 하고, 모든 말을 우리가 이해할 수 있게 해 주어야 한다.